Das Freiburger Bächlebuch

Spaziergänge zur Geschichte der
Freiburger Bächle und Runzen

W0249783

Impressum
Alle Rechte vorbehalten
© 2008 Promo Verlag GmbH, Freiburg

Gestaltung und Herstellung:
Promo Verlag GmbH

Druck:
Poppen & Ortmann, Freiburg

Printed in Germany
ISBN 978-3-923288-69-4

Schriftenreihe zur Stadt Freiburg im Breisgau

Joachim Scheck • Magdalena Zeller

Das Freiburger Bächlebuch

Spaziergänge zur Geschichte der Freiburger Bächle und Runzen

Promo Verlag GmbH

Inhalt

Grußwort

In Weimar wandern die Besucherinnen und Besucher auf den Spuren von Goethe und Schiller, in Potsdam folgt man dem Erbe der Preußen und in Trier spüren die Touristen den Römern nach. In Freiburg sind Bächle die Wegweiser durch die Geschichte der Stadt. Bächle sind – von manchen neuzeitlichen Nachbauten andernorts abgesehen – in ihrer Historie und als stadtweites Netz einmalig, gehörten schon im Mittelalter zum Freiburger Straßenbild und erinnern damit an eine Zeit, in der die Menschen das Lebenselement Wasser zum Feuerschutz, als Antriebsquelle und zur Stadtgestaltung gleichermaßen nutzten. Für Touristen sind die Bächle eine Attraktion, beliebtes Fotomotiv und ein Wahrzeichen der Stadt. Für Einheimische sind sie dagegen eher eine wenig beachtet Selbstverständlichkeit. Wer in Freiburg groß geworden ist, wundert sich nicht über die Bächle, sondern darüber, dass es sie in anderen Städten nicht gibt.

Seit Jahrhunderten ranken sich unzählige Geschichten um die Bächle. Am bekanntesten ist der Volksmund, dass die Bächle Ehen stiften – wer unbedacht hineintritt (was beispielsweise vor einigen Jahren einem Bundeskanzler widerfuhr), muss eine Freiburgerin heiraten (was in diesem Fall noch aussteht). Die wahre Geschichte der Bächle, ihre historische Bedeutung und heutige Rolle in der Stadtentwässerung kennt hingegen kaum jemand.

Dieses Buch schließt deshalb eine Lücke. Es lädt ein zu Spaziergängen durch die Stadtgeschichte, informiert über die Entstehungsgeschichte der Freiburger Bächle und erzählt manche wissenswerte oder amüsante Begebenheit. Ich wünsche allen Leserinnen und Lesern viel Freude mit diesem außergewöhnlichen Wegweiser.

Dr. Dieter Salomon
Oberbürgermeister

„Bei uns wäre so etwas verboten..."

... oder „Da gehören Geländer dran": Wer Touristengruppen belauscht, wenn sie, soeben dem Bus entronnen, im Bereich der Herrenstraße erste Bekanntschaft mit den „kleinen Kanälen" machen, hört nicht selten solche oder ähnliche Kommentare. Dass die ganze Stadt von diesen offenen und „ungesicherten Rinnen" durchzogen ist, jagt so manchem Unfallversicherungsangestellten aus Norddeutschland einen Schauer über den Rücken.

Dass solche Bedenken auch in Freiburg einmal Thema waren, zeigt ein Blick ins Archiv: Vor 150 Jahren fand man die Bächle so unmodern, dass man damit begann, sie unter dicken Eisenplatten zu verstecken. Und im Jahre 1952 vertrat der ADAC gar *„bei aller Rücksichtnahme auf die Gefühle der einheimischen Bevölkerung"* den Standpunkt, *„dass die historischen Wasserrinnen als Verkehrshindernisse beseitigt werden müssen"*, wie damals in der Zeitung zu lesen war. Auch die Kanäle führten lange Zeit ein stiefmütterliches Dasein. Einige der Viertel, durch die sie führen, gehörten zu den gemiedenen Winkeln, deren baufällige Häuser samt ihrer armen Bewohner nicht ins Bild der schmucken Touristenstadt passen wollten.

Inzwischen sehen es die Freiburger gelassener. Doch Details zu den historischen Wasserläufen kennen nur wenige. „Die waren schon immer da." Schon immer? Seit wann? Waren sie eine Kanalisation? Wie sahen sie früher aus? Und woher kommt das Wasser? In vier ausgewählten Touren geht das Buch diesen Fragen nach und führt im Schlendergang entlang der Wasserläufe durch die Innenstadt. Ob vor Ort als Führer eingesetzt oder zu Hause geschmökert bietet es den Lesern vielleicht manche Überraschung. Und bestimmt auch denjenigen, die meinen, Freiburg wie ihre Westentasche zu kennen.

Joachim Scheck Magdalena Zeller

WO KOMMT DAS WASSER HER? BELIEBTER BLICK BEIM JUNGEN BÄCHLE-PUBLIKUM.

Die Bächle

Eine Freiburger Institution

Wer durch Freiburg reist, früher wie heute, muss aufpassen, wenn er keine nassen Füße bekommen will. In fast allen Straßen der Innenstadt fließt Wasser. Die Bächle, ein rund sieben Kilometer langes Netz von Rinnen, sind eine echte Freiburger Institution. Seit über 800 Jahren führen sie frisches Wasser durch Freiburgs Gassen.
Anfang des 12. Jahrhunderts gegründet, erlebte die Stadt Freiburg Ende des 12. und im Laufe des 13. Jahrhunderts einen bedeutenden Um- und Ausbau. Es war die Zeit der gotischen Bauphase am Münster, als auch Stadtmauern und Vorstädte entstanden. Die wachsende Stadt zog viele Gewerbetreibende an, die wiederum eine rege Bautätigkeit entfalteten. Langsam wurde es eng in Freiburgs Gassen. Wo

Gefiederte Badegäste im Bächle.

die Häuser so dicht aneinandergereiht standen, wuchs auch die Brand- und Seuchengefahr. Umso wichtiger wurde es für die Stadt, Menschen und Tiere mit frischem Wasser zu versorgen und Abwässer und Abfälle zu beseitigen.
Im Gegensatz zu anderen hochmittelalterlichen Städten entwickelte sich in Freiburg ein mustergültiges System der Wasserversorgung und -entsorgung, das im Wesentlichen aus vier Komponenten bestand: Das Abwasser versickerte in Gruben und Latrinen hinter den Häusern und in den Höfen. Vor dem Haus, auf den öffentlichen Plätzen befanden sich zahlreiche Brunnen, die Trinkwasser lieferten. Der Gewerbekanal, der durch die südliche Altstadt fließt, versorgte größere Gewerbe, Mühlen und Stampfen mit Wasser und Wasserkraft. Und schließlich verliefen inmitten der Gassen die Bächle. Ihnen entnahmen die Einwohner jenes Wasser, das sie zum Feuerlöschen, im Haus, für die Tiere und das Gewerbe benötigten.

Tour 1

Vom Schwabentor über den Rathausplatz zum Münsterplatz und Oberlinden

Verlauf, Entstehung und Nutzung der Bächle

Schwabentor

Wie die Bächle verlaufen

Historische Stadtpläne zeigen, dass sich mit dem Grundriss der Freiburger Innenstadt auch der Verlauf der Freiburger Bächle über die Jahrhunderte kaum verändert hat. Aus der Dreisam, die von Ost nach West durch Freiburg fließt, wird im Osten der Stadt zunächst der Gewerbekanal abgeleitet. Er wurde vermutlich bereits vor Gründung der Stadt angelegt. Nahe der Innenstadt im Bereich der heutigen Kartäuserstraße zweigt vom Gewerbekanal ein kleiner Kanal ab. Dieser Bächlekanal, der seit dem 17. Jahrhundert abgedeckt ist, führt etwa 500 Meter entlang der Hanglinie des Schlossbergs bis zum Schwabentor. Hier tritt das Wasser wieder zutage und beginnt seinen Lauf durch die Stadt.
Das Schwabentor wurde als Wehr- und Torturm um 1250/70 gebaut und gehörte zu den fünf Toren der Befestigung um die Kernstadt. Über den Stadtgraben am Schwabentor, wo heute der Schlossbergring verläuft, wurde der Bächlekanal ursprünglich mit einer hölzer-

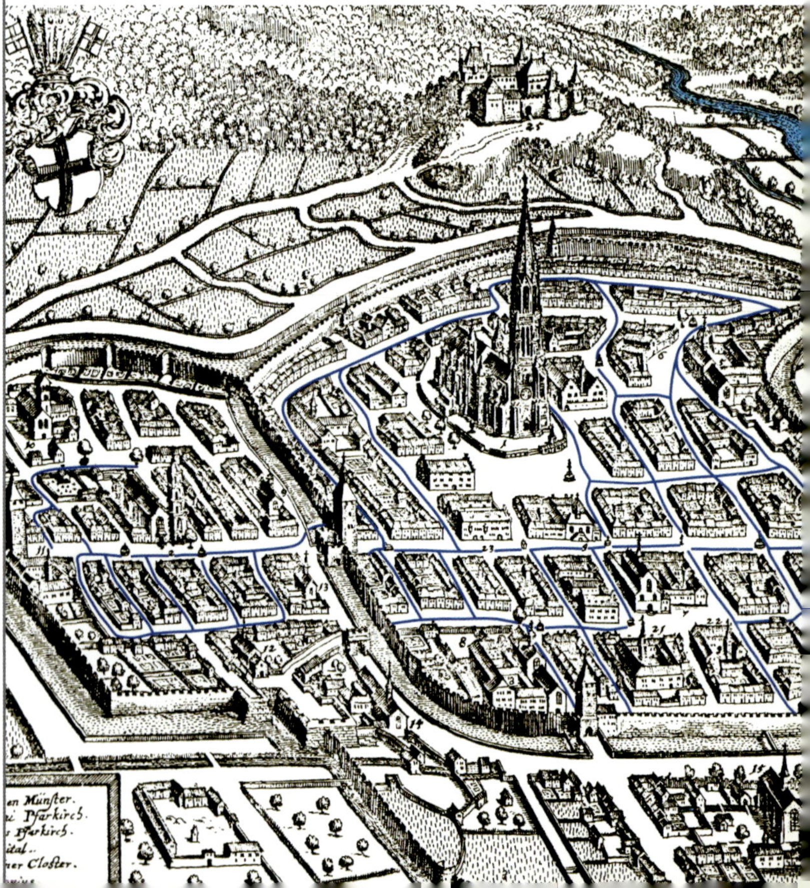

Der überwölbte Bächlekanal führt den Bächle in der Stadt Wasser aus der Dreisam zu.

nen Brücke in die Stadt geleitet.

In Sichtweite des Schwabentors teilen sich beim Marienbrunnen in Oberlinden die Bächle in zwei Hauptarme, die in die Herren- und die Salzstraße abzweigen. In der Salzstraße ist ein Teil davon heute überpflastert; erst nach der Augustinergasse verläuft der Bach offen weiter in Richtung Bertoldsbrunnen. Von der Herren- und Salzstraße aus verteilen sich die Rinnen nach Norden und Westen in nahezu alle Gassen der Altstadt. Im Bereich des heutigen Rotteckrings münden sie schließlich wieder in einen Arm des Gewerbekanals, der die Innenstadt unterirdisch in nördlicher Richtung verlässt. Im Mittelalter hingegen wurde das Bächlewasser, wie auch am Schwabentor, mittels hölzerner Rinnen über den Stadtgraben geführt und weiter in die Wiesen und Gärten im Westen der Stadt geleitet. Die detaillierte Stadtansicht von Gregorius Sickinger von 1589 zeigt, wie auf der Höhe des heutigen Rotteckrings, wo damals die Stadtmauer verlief, das Bächlewasser mit „Kähnern" über den Stadtgraben geleitet wurde.

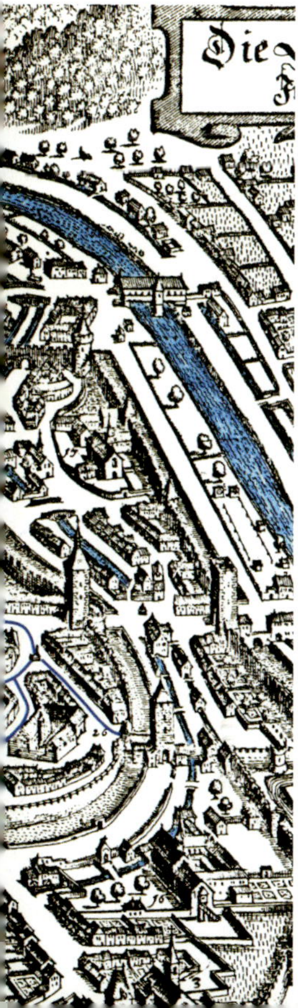

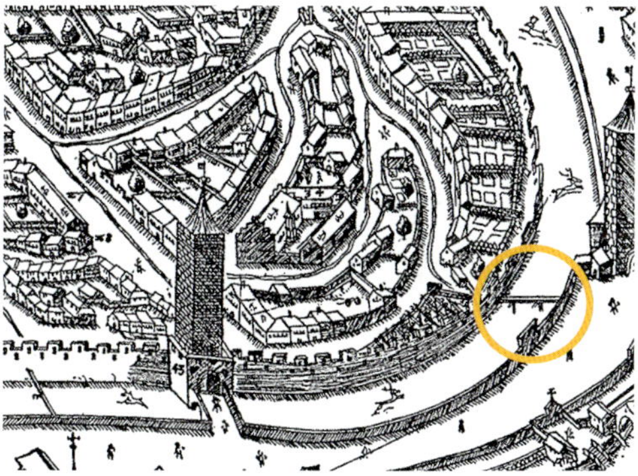

Ausschnitt aus der Stadtansicht von Gregorius Sickinger von 1589.

Bearbeitete Stadtansicht von Matthaeus Merian von 1634.

Streit an der Stellfalle

Der „wilde“ Kanal.

Führt die Dreisam große Mengen an Wasser, steigen die Pegel des Gewerbekanals und der Bächle. Daher wurde und wird auch heute noch mithilfe von Stellfallen und abhängig von der Wetterlage der Wasserstand reguliert. Entscheidend ist zunächst die Stellfalle bei der Kartäuserstraße, wo das Bächlewasser vom Gewerbekanal abgezweigt wird. Heute fließen dort je nach Niederschlag 200 bis 400 Liter pro Minute in den Bächlekanal.

Denjenigen jedoch, die kanalabwärts Wiesen, Mühlen oder andere Güter besaßen, konnte es – zumal in trockenen Zeiten – kaum Recht gewesen sein, wenn viel Wasser in die Bächle abgeleitet wurde. Aus diesem Grund kam es immer wieder zum offenen Streit zwischen denen, die in der Kernstadt Bächlewasser benötigten und denjenigen, die das Wasser des Gewerbekanals nutzten. Den Gewerbetreibenden am Kanal wurde vorgeworfen, die Stellfalle eigennützig zu ihren Gunsten zu betätigen. Vor allem in feuerpolizeilicher Hinsicht war es jedoch wünschenswert, dass die Bächle genügend Wasser führten.

Der im Bereich der Bächleabzweigung am Kanal ansässige Fabrikant Carl Mez besaß viele Jahre lang die Schlüssel zur Stellfalle. 1883 kam er in den Verdacht, *„nach eigenem Gutfinden und vielleicht nach eigenem Vortheile den Zulauf nach den Stadtbächen"* geregelt zu haben. In der Folge wurde die Regulierung der Wassermenge an dieser Stelle dem Wasser- und Straßenbauamt übertragen. (Stadtarchiv Freiburg, C1 Wasserbau, Nr. 14)

Foto rechts: Abzweigung des Bächlekanals mit Stellfalle.

Haus zur Rebe in der Schusterstraße

Die Bächle – eine großartige Anlage

Vom Schwabentor kommend führt einer der Hauptarme der Bächle durch die Salzstraße, eine alte Handelsstraße, die bereits um 1100 vor Gründung der Stadt Freiburg existierte. Auch die Herrenstraße, der der zweite Hauptarm folgt, ist eine alte Straße. Vermutlich waren entlang dieser Wege bereits vor Siedlungsbeginn Wasserläufe vorhanden. Sie dürften aus einem Bewässerungssystem für Äcker und Wiesen hervorgegangen sein und wurden später im Zuge der Stadtanlage weiterverwendet.
Für die mittelalterliche Stadt war die Anlage eines Rinnensystems, das ständig frisches Wasser führte, eine großartige infrastrukturelle Maßnahme. Wann und wie die Anlage der Bächle erfolgte, wird bis heute diskutiert. Experten datieren sie in das späte 12. Jahrhundert. Archäologische Indizien sprechen für eine Entstehungszeit zwischen 1170 und 1180. Es wird davon ausgegangen, dass das Straßenniveau im Altstadtbereich angepasst werden musste, um ein optimales Gefälle für das fließende Wasser zu erzeugen. In bestimmten Bereichen mussten deshalb Straßen und Plätze höher gelegt werden. Für den Bau der Bächle habe man in einer gewaltigen Baumaßnahme an einigen Stellen bis zu drei Meter Kies aufgeschüttet. Es stellt sich die Frage, ob Freiburgs Einwohnerschaft solch einen enormen Aufwand in Kauf genommen hätte, um das Bächlenetz anzulegen.
Tatsächlich haben Archäologen gerade in der oberen Altstadt besonders mächtige Aufschüttungen festgestellt, die große bauliche Veränderungen an den Häusern nach sich gezogen haben. Hier wandelten sich in Folge von Niveauveränderungen die Erdgeschosse zu Kellern. Zur Straßenseite hin mussten Eingangstüren und Fenster zugemauert werden. Die ehemals ersten Stockwerke wiederum mussten zu Erdgeschossen umgebaut und mit Türen und Eingangstreppen versehen werden.

Eine zweite Erklärung geht davon aus, dass zeitgleich mit dem Start der Besiedlung auch der Bau der Bächle begonnen wurde. Der Schwemmkegel der Dreisam, auf dem die Stadt entstand, weise ein Gefälle auf, das bereits für das Bächlesystem ausreichend gewesen sei. Dass das Straßenniveau im Hochmittelalter angewachsen ist, wird auf Schuttablagerungen zurückgeführt, wie sie auch andernorts beim Ausbau von Städten entstanden sind.

Im Innenhof des Hauses zur Rebe ist das alte Hofniveau wieder freigelegt.

Solche Niveauveränderungen – ob nun die Anlage des Bächlesystems der Grund dafür war oder nicht – können wir uns anschaulich im Innenhof des Hauses zur Rebe vergegenwärtigen. Bei Grabungen fand man dort das alte Pflaster und die Sickergrube in 1,70 Meter Tiefe. Nach Hebung des Hofes waren die Kellerzugänge zugemauert worden. Heute sind sie wieder sichtbar: Steile Stufen führen zum ursprünglichen Hofniveau hinab.

Abfälle

Rathausplatz

Wenn alle Brünnlein fließen...

Häufig sind die Bächle nicht nur als Entsorgungskanäle, sondern auch als Trinkwasserleitungen missdeutet worden. Sauberes Wasser zum Trinken erhielten die Freiburger jedoch über einen separaten Kreislauf: Schon zur Stadtgründung oder kurze Zeit darauf hatte man eine zentrale Trinkwasserversorgung über Brunnen eingerichtet. Das Grundwasser verläuft auf Freiburger Gebiet besonders tief, im Bereich der mittelalterlichen Altstadt etwa 17 Meter unter heutigem Straßenniveau. Es war nur äußerst mühsam über Brunnenschächte zu erschließen, sodass die Stadt sogenannte Laufbrunnen konstruieren ließ. Sie wurden über ein System von hölzernen Wasserleitungen („Deicheln") mit frischem Quellwasser gespeist.
Bereits 1318 ist am heutigen Rathaus ein Leitungsbrunnen bezeugt. Das Brunnenwasser entsprang jenseits der Stadtmauern in den Quellen am „Mösle" beim heutigen Waldsee. Aufgrund seiner Entfernung zur Stadt war es nicht durch Abwässer, die im Bereich der Innenstadt versickerten, verunreinigt und als Trinkwasser besonders geeignet. Über die Brücke am Schwabentor passierte es die Dreisam. Das so in die Stadt geleitete Wasser war aber teuer und reichte für den ge-

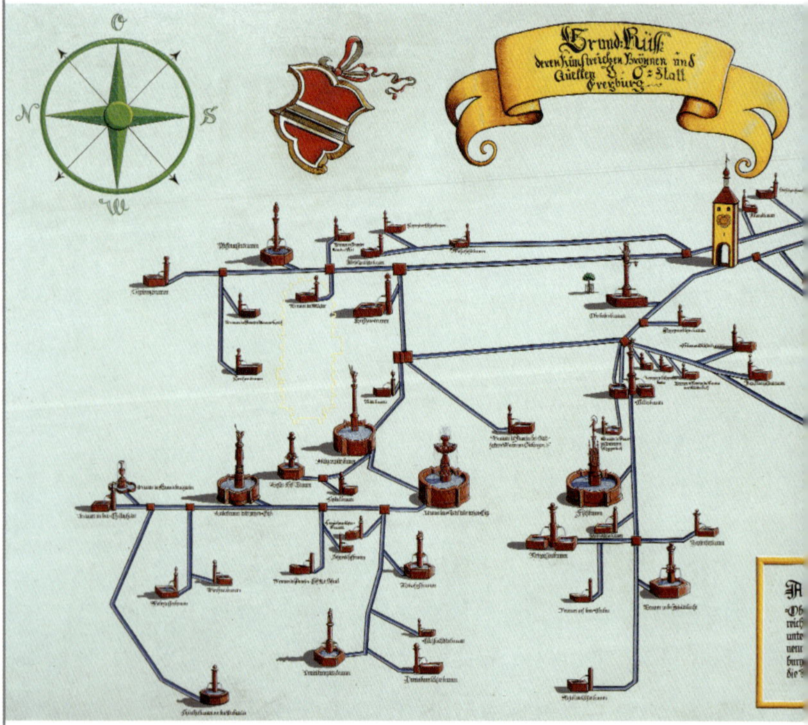

Blick in die östliche Rathausgasse mit Bächle am ehemaligen Franziskanerkloster, Ausschnitt aus einer Lithografie von Franz Xaver Rixinger um 1840.

samten Wasserverbrauch der Stadt alleine nicht aus. Deshalb stellte man die Wasserversorgung Freiburgs auf zwei Beine: Während die Brunnen frisches Trinkwasser lieferten, entnahmen die Freiburger das Brauchwasser, das zum Feuerlöschen, für den Haushalt, zum Tränken der Tiere und zur Straßenreinigung gebraucht wurde, den Bächen, die Dreisamwasser führten.

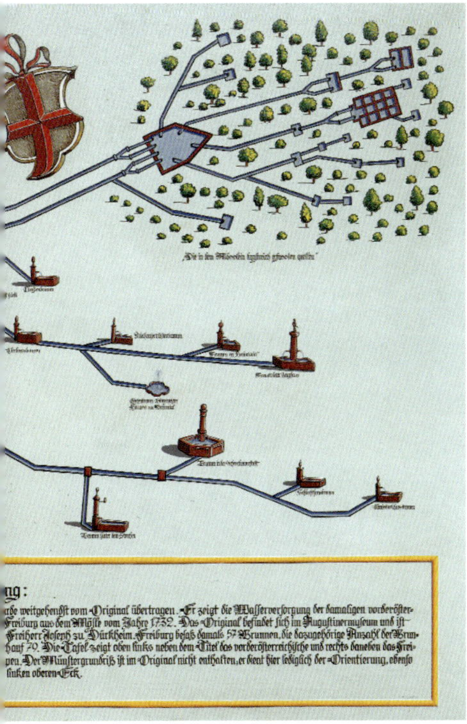

Brunnenplan von 1732 – zu dieser Zeit waren 57 Laufbrunnen in Betrieb (Nachzeichnung von Richard Fahr).

Kartoffelmarkt

...so muss man trinken

Auf dem Weg vom Rathausplatz zum Kartoffelmarkt stößt man in der Gauchstraße an der Rückseite des Hauses „zum Walfisch" auf einen Brunnen. Der dargestellte Affe „beißt in den sauren Apfel". Wie viele Laufbrunnen in Freiburg ist auch der Affenbrunnen von 1905 über ein Bächle gebaut, welches überschüssiges Brunnenwasser aufnimmt. Ein unbekannter französischer Besucher hielt diese Beobachtung im Jahre 1681 schriftlich fest: *„Die Straße, durch welche ich eintrat, schien mir groß, schön und gerade, besonders aber sehr sauber, weil in der Mitte derselben ein kleiner Bach fließt. Dieser entsteht durch das Abwasser von den Brunnenschalen, die an den Kreuzungen der Straßen stehen."*
Die Brunnen mit fließendem Wasser wurden noch bis 1945 von den Mösle-Quellen gespeist. Heute sind sie an das moderne Leitungsnetz angeschlossen.

Der Raubrunnen auf dem Kartoffelmarkt ist nach seinem Stifter Ludwig Rau benannt.

Während andernorts die Stadtbevölkerung mühsam ihr Trinkwasser aus Brunnen hochziehen und in Krügen und Eimern vielleicht noch weit bis ins Haus transportieren musste, hatten es die Freiburger leichter. Zu ihnen floss das Wasser Tag und Nacht mitten in die Stadt zu Dutzenden von öffentlichen Brunnen, die an vielen Plätzen, wie hier am Kartoffelmarkt, standen. Freilich, von hier mussten die Bewohner das Wasser holen – nur einige Klöster und Spitäler besaßen eigene Zapfstellen. Das Wasserholen am Brunnen war Aufgabe der Frauen und Dienstmägde. Der Raubrunnen von 1909 zeigt eine Wasserträgerin.

Rechte Seite: Beim Affenbrunnen in der Gauchstrasse fliesst das Brunnenwasser ins Bächle ab.

Marktgasse

Mittendrin ein Bächle

„Vorsicht Bächle!“ heisst es ganz besonders in der Marktgasse.

Wie auf historischen Stadtplänen zu erkennen ist, verliefen die Bächle ursprünglich in der Straßenmitte. Erst als im 19. Jahrhundert der Verkehr zunahm, wurden sie an den Rand zwischen Fahrbahn und Gehweg verlegt. Den mittigen Verlauf findet man im modernen Freiburg nur noch selten, etwa in der etwas versteckten und weniger frequentierten Marktgasse, die von der Kaiser-Joseph-Straße auf den Münsterplatz führt. Nach einem Gemeinderatsbeschluss von 1846 dienten die in der Straßenmitte verlaufenden Bächle auch als Grenze, bis zu der die Hausbesitzer der gegenüberliegenden Häuser die Straße zu kehren hatten. (Stadtarchiv Freiburg, C1 Polizeisachen 7, Nr. 3)

Rechte Seite: Buntes Treiben auf dem beliebten Freiburger Münstermarkt.

Münsterplatz

Die Legende vom Drachenzahnweh

Es war einmal vor sehr, sehr langer Zeit, da wurde Freiburg von einem gefährlichen Drachen belagert. Als Hans Snewelin dies erfuhr, zog der mutige Ritter sofort aus, um die Stadt von dem Untier zu befreien. Bald schon traf er auf den Drachen, der jedoch den armen Hans Snewelin einfach mitsamt Ross und Rüstung verschlang. Der Ritter aber war schlau und nistete sich in einem hohlen Zahn des Drachens ein. Auf diese Weise bereitete er dem Untier qualvolle Zahnschmerzen. Der Drache aber litt schließlich so sehr unter den Schmerzen, dass er wohl oder übel auf einen Handel mit Hans eingehen musste: Der Belagerer ergab sich in die Hand der Freiburger. Dafür sollte er von Hans Snewelins Bruder, auch Ritter aus Freiburg, von den Zahnschmerzen erlöst werden. Danach sollte der Drache, so sah es die Abmachung vor, Freiburg und den Schwarzwald für immer verlassen.

Nie hatten die Freiburger eine so gewaltige Zahnoperation gesehen. Auf dem Münsterplatz wurde der riesige Drachenkiefer aufgespannt und mit Baumstämmen aufgehalten. Der Drache heulte vor Schmerzen, die Tränen liefen ihm übers Gesicht und flossen über den Platz in die ganze Stadt. Und überall, wo sich das Tränenwasser des Drachens seinen Weg suchte, da fließen noch heute die Bächlein.

Buttergasse und Herrenstraße

Kleine und große Bächle

Überall nehmen die Bächle Regen- und Dachabwasser auf.

Was wir heute als „Bächle" bezeichnen, waren zunächst flache und gepflasterte Fließrinnen. In der Mitte des 19. Jahrhunderts orderte die städtische Bauverwaltung Sandsteinquader und Steinplatten zur Unterhaltung der Bäche. Aus dieser Zeit stammt etwa noch die Bächlefassung in der Buttergasse. Ende des 19. Jahrhunderts, als Sandsteinfassungen durch Beton und Granitplatten ersetzt wurden, hat man einen Großteil der Bächle „tiefergelegt".

Durch die Buttergasse gelangen wir in die Schusterstraße und von dort in die Herrenstraße. Auf dem Weg sind mehrere Regeneinläufe zu sehen, über die das Dachabwasser und Regenwasser noch heute aus den Regenrinnen der Häuser in die Bächle geleitet wird.

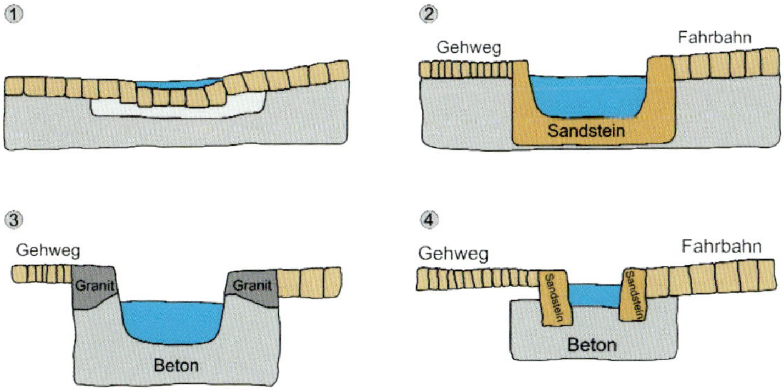

Bächle im Lauf der Zeit: (1) Frühzeit der Stadt Freiburg, (2) Mitte des 19. Jahrhunderts, (3) zwischen 19. und 20. Jahrhundert, (4) heute.

Auf der Herrenstraße gelangt man nach Oberlinden. Hier fließen die breitesten und tiefsten Bächle der Stadt. Wieder handelt es sich um Sandsteinrinnen aus dem 19. Jahrhundert, die man stellenweise mit schweren Steinplatten überbrückt hat. Wer genau hinschaut, entdeckt hier an den Seiten der Bächle größere Rillen. Sie weisen darauf hin, dass die Einwohner durch das Einschieben von Holzbrettern das Bächle kurzzeitig aufgestaut haben. Mit einem Schöpfeimer konnten sie dann bequem Wasser entnehmen.

Bild links: Romantische Sandsteinrinne in der Buttergasse.

Oberlinden

„Wann Feuer außgehet..."

Die letzte Station dieser Tour ist Oberlinden, ein alter Platz um einen Lindenbaum, der von historischen Gebäuden eingerahmt wird. Da sich die Bächle hier verzweigen, spielt Oberlinden in der Geschichte der Freiburger Bächle eine besondere Rolle.

Obwohl in der jungen Stadt bereits um 1200 viele Gebäude aus Stein standen, war angesichts der räumlichen Dichte und der engen Gassen Vorsicht geboten. Brannte ein Haus, bedeutete dies eine ernsthafte Bedrohung für die ganze Stadt. Wenn das Feuer nicht schnell bekämpft wurde, war es kaum mehr einzugrenzen und konnte ganze Häuserzeilen, schlimmstenfalls die gesamte Stadt einäschern. Umso wichtiger war es, dass immer ein ausreichender Vorrat an Löschwasser zur Verfügung stand. In vielen Städten richtete man erst ein Augenmerk auf die Wasserversorgung, nachdem es zu verheerenden Bränden gekommen war. Vielleicht gilt für Freiburg der Umkehrschluss, und es ist auf die Bächle zurückzuführen, dass hier im Gegensatz zu anderen Städten nie eine größere Brandkatastrophe zu beklagen war.

Dank des Bächlesystems war Löschwasser in fast jeder Gasse vorhanden. In Städten, in denen Löschwasser aus Brunnen entnommen werden musste, gestaltete sich die Brandbekämpfung langwieriger. Dann mussten die Helfer unter Umständen lange Eimerketten zwischen der Brandstelle und dem nächsten Brunnen bilden. Dies änderte sich erst mit den ersten fahrbaren Feuerspritzen, die Anfang des 16. Jahrhunderts aufkamen.

Ein Wächter auf dem Freiburger Münsterturm hatte sofort zu melden, wenn irgendwo Feuer ausgebrochen war und die Glocke zu schlagen. Unterdessen brachte der Feuerknecht Feuereimer und Leitern herbei. Damit das Bächle an der Brandstelle auch genügend Wasser führte, musste jemand an der Bächleabzweigung bei Oberlinden die Stellbretter betätigen. Jedes Jahr zum 1. Mai hatten die Anwohner Oberlindens für diese Aufgabe zwei oder drei Personen aus ihrer Mitte zu bestimmen. Durch Öffnen und Schließen von Schiebern richteten sie das Wasser in den vom Feuer erfassten Teil der Stadt – entweder durch die Salz- oder durch die Herrenstraße. So konnte vor Ort die Wassermenge für den Brandeinsatz erhöht werden.

Bild vorhergehende Seiten: Am Brunnen in Oberlinden verzweigen sich die Bächle, wie man vom Schwabentor aus besonders gut sehen kann.

Bild rechts: Tiefes Bächle zwischen Oberlinden und Schwabentor.

„Wann Feuer außgehet, wie sich ein jeder in Freyburg zu verhalten...

- Solle sich der Brunnenmeister mit dem Schlüssel und einer Axt/ bey dem nächsten Brunnen oder Brunnstuben/ allwo Feuer außgehet/einfinden/und da an Wassermangel erscheinet/gleichbalden den Hanen ziehen/und so vil Wasser/als die übrige Brunnen ermanglen mögen/dahin richten...
- Wird denen Bettelvögten ernstlichen injungiert/ die Bäch ohne einigen Verzug gegen jenigem Orth/da Feuer außgehet/zu richten/und mit Thumb zu schwellen/auch die Vorsorg tragen/damit alle Abend/da sonsten kein Hinderniß fürfallet/das Wasser in die Stadt geleitet werde.
- Wird zu mehrerer Fürsorg Jenigen/so zu Oberlinden ihre Wohnung haben/anbefohlen/gleichbalden nachdeme Feur aussgangen/so vil Wasser/als immer möglich/in die Stadt zu richten/und solches alsdann durch die Stellbretter nach jeniger Gassen/allwo die Feursbrunst sich ereignet/lauffen zu lassen..."

Aus einer Feuerordnung der Stadt Freiburg, 1692 (Stadtarchiv Freiburg, C1 Brandsachen 1, Nr. 8)

Wer auf den Münsterturm steigt, der findet in der Türmerstube gleich mehrere alte Löscheimer aus Leder ausgestellt.

Tour 2

Von Unterlinden über den Bertoldsbrunnen zum Augustinerplatz

Von Ins-Bächle-Tretern, Bächleputzern und lustigen Studenten

Unterlinden

Wer ins Bächle tritt...

In der an Menschen und Verkehr wachsenden Stadt des 19. Jahrhunderts wurden die Bächle mehr und mehr als störend empfunden. Man begann damit, sie aus der Straßenmitte an den Rand zu verlegen und an vielen Stellen entweder abzudecken oder in Röhren zu fassen. Die

In Unterlinden stand früher das Dominikanerkloster, dessen Lage in einer Urkunde von 1238 als „inter duas ripas" (zwischen zwei Bächen) beschrieben wird – dies gilt als erste schriftliche Erwähnung der Freiburger Bächle.

Strassenschilder „unter Palmen“ in „Unterlinden“.

Abdeckungen waren zunächst aus Holz und wurden später durch Stein- und Eisenplatten ersetzt. An manchen Stellen ging man dazu über, die Rinnen ganz mit Steinen zu überpflastern. Noch 1952 – damals hatten Autos noch freie Fahrt in fast allen Straßen der Innenstadt – forderte der ADAC, *„dass die historischen Wasserrinnen als Verkehrshindernisse beseitigt werden müssen".*

In Unterlinden wurde nach einer Neueinfassung der Bächle mit Steinen im Jahre 1827 gefordert, die Wasserläufe des gesamten Stadtviertels abzudecken. Denn es sei nun eine neue *„drohende Unannehmlichkeit dadurch entstanden, indem der Bach tiefer wurde, und*

Ein nasses Bad in der Menge

Prominentester Ins-Bächle-Treter zu Beginn des dritten Jahrtausends ist der ehemalige Bundeskanzler Gerhard Schröder, der sich anlässlich des deutsch-französischen Gipfels im Juni 2001 in Freiburg nasse Füße holte. Die Badische Zeitung kommentierte: *„Das mit dem Bad in der Menge nahm Schröder beim gemeinsamen Spaziergang mit Jacques Chirac vom Münster zum Rathaus allzu wörtlich – beim Händeschütteln, Winken und Strahlen für die Kameras machte er einen falschen Schritt ..."* Übrigens: Wie eine beliebte Freiburger Redensart besagt, werden Fremde nach derlei Missgeschick auf jeden Fall eine Freiburgerin oder einen Freiburger heiraten.

die Seiten nun so schneidend sind, daß, wenn jemand unversehens hineintritt, großen Schaden nehmen kann". Diese Gefahr sei noch größer, da *„der Bach ungleich gedeckt ist und einen Fremden zur Nachtzeit zu einem solchen Fehltritt noch leichter irreleiten kann".* Die zuständige städtische Behörde entgegnete hierauf, es gebe in Freiburg mehrere solche Stellen, *„wo man beim Dunkel der Nacht wirklich unglücklich sein könnte".* Überall dort solle aber eher die Straßenbeleuchtung verdoppelt als die Bächle komplett abgedeckt werden, was äußerst kostspielig wäre. Außerdem müsse *„wegen Brandunglück die Bedeckung an mehreren Orten"* zu öffnen sein. Der offene Bachlauf sei wichtig für die Bewohner, die das Wasser *„für ihre Gewerbe, als zum Waschen etc. (nutzten), weßwegen auch Treppen dorten unterhalten werden".* Und schließlich betrachte die Stadt die

Karren und Fuhrwerke an Unterlinden 1906, ganz hinten sieht man ein Bächle in Richtung des heutigen Rotteckrings.

Bächle, *„wenn solche ordentlich eingefaßt sind und so lebendig dahinfließen"* wie in Unterlinden, *„wirklich als eine Zierde unserer Stadt",* – im Übrigen habe man jetzt wirklich dringendere Dinge zu erledigen. (Stadtarchiv Freiburg C1 Wasserbau 5, Nr. 13)
Noch heute erhält die Stadtverwaltung Freiburg Anfragen zu versicherungstechnischen Problemen bei „Bächle-Unfällen". Die Gerichte vertreten die Auffassung, dass „Bächle-Parker" und „Ins-Bächle-Treter" in Freiburg selbst für ihren Schaden verantwortlich sind. Die historische Besonderheit der Altstadt muss jeder Besucher, egal ob mit dem Auto oder zu Fuß unterwegs, berücksichtigen. Es besteht kein Anspruch auf Schadensersatz..

Haus zum Walfisch

Die Bächle in alten Reisebeschreibungen

Von Unterlinden folgen wir nun den Bächle gegen den Strom durch die Merian- und Franziskanerstraße, wo links die Fassade des Hauses zum Walfisch auffällt. Hier logierte im 1. Obergeschoss einst der humanistische Gelehrte Erasmus von Rotterdam. Er war 1529 aus dem reformierten Basel nach Freiburg geflohen, wo er insgesamt sechs Jahre lebte. „*Hier herrscht große Unreinlichkeit*", notierte er 1534. „*Durch alle Straßen dieser Stadt läuft ein künstlich geführter Bach. Dieser nimmt die blutigen Säfte von Fleischern und Metzgern auf, den Gestank aller Küchen, den Schmutz aller Häuser, das Erbrochene und den Harn aller, ja sogar die Fäkalien von denen, die zu Hause keine Latrine haben. Mit diesem Wasser werden die Leintücher gewaschen, die Weingläser gereinigt, ja sogar die Kochtöpfe.*"

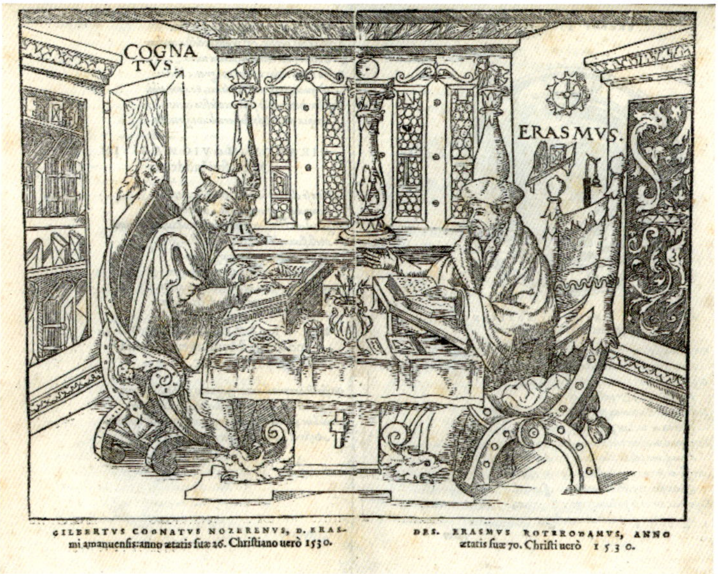

Erasmus von Rotterdam mit seinem Sekretär Gilbertus Cognatus im Erkerzimmer des Hauses zum Walfisch, Holzschnitt um 1530.

Etwa ein Jahrhundert später haben die Bächle bei Matthaeus Merian einen anderen Eindruck hinterlassen. Er listet in der Topographia Alsatiae 1643 vier Dinge auf, deretwegen Freiburg so „*sonderlich berühmbt*" sei: Erstens die Kirchen, darunter das Münster, zweitens die Universität, drittens die „*durch die gantze Stadt lauffenden Wässerlein und Bächlein*" und viertens das Gewerbe der Edelsteinschleiferei.

Sebastian Münster, Theologe und „Kosmograf", wählte in seiner Cosmographia Universalis anno 1544 eine andere Reihenfolge. Zuerst nennt er die Bäche, dann das Münster: *„Es rinnt in dieser Statt durch alle Gassen Bächlin/das eytel frisch Brunnenwasser ist/und ober winter nicht gefrewrt."*

FRANZISKANERGASSE MIT BÄCHLE VOR 1880.

Christan Ludwig Fecht, Theologe, Schriftsteller und Herausgeber des „Lahrer Hinkenden Boten", fand um 1810/11 in Freiburg nicht nur die Luft bestens. Er lobte auch *„das gute Trinkwasser von den nahen Bergquellen, die herrliche Gegend und die schönen Spaziergänge, die Gärten und Alleen um die Stadt, vorzüglich aber die Bäche, welche in verschiedenen Richtungen alle Gassen durchströmen und Reinlichkeit und Gesundheit befördern".*

BILD LINKS: FRANZISKANERGASSE MIT DEM HAUS ZUM PILGERSTAB UND DEM HAUS ZUM WALFISCH HEUTE.

Gerichtslaube

Saubere Stadt oder saubere Bächle

In der Gerichtslaube tagte das Gericht und der Rat der Stadt.

Die Reinhaltung der Stadt war seit dem späten Mittelalter teilweise in städtischer Regie, teilweise in Verantwortung der Einwohnerschaft organisiert. Oberste Entscheidungsinstanz hinsichtlich Ver- und Entsorgungsproblemen war der Rat der Stadt. Er tagte bis 1901 im Ratssaalbau in der Turmstraße. Das Gebäude wird heute als Gerichtslaube bezeichnet, denn seit Mitte des 15. Jahrhunderts kam dort auch das Gericht zusammen.

In Verordnungen erinnerte der Rat die Bürger an ihre Pflicht, vor dem eigenen Haus für Sauberkeit zu sorgen. Für diesen Zweck nahmen die Bächle, die in der Mitte der Straße verliefen, allerlei Unrat auf. Allerdings sollte nur das, *„was man mit dem Besen darein schmeißen kann, in die Bäch"* abgeführt werden. (Stadtarchiv Freiburg, C1 Marktsachen 1, Nr. 1/1677-97) Hierzu gehörten zum Beispiel die gesamten Hinterlassenschaften der in großer Zahl in der Stadt gehaltenen Pferde, Kühe und Ziegen. In den Bächle selbst tummelte sich nebst der Schweine der städtischen Handwerker auch allerlei Federvieh. Nachdem die Bächle so beim Durchqueren der Stadt einiges an organischen Abfällen aufgesammelt hatten, bescherten sie den Wiesen und Gärten westlich der Stadt einen reichhaltigen Düngersegen. Es kam sogar vor, dass sich Bauern um dieses Wasser stritten.

Bild rechts: Das Bächle in der Turmstrasse gehört zu den schönsten der Stadt. Sandsteinplatten vor den Hauseingängen verhindern, dass man beim Raustreten im Wasser landet.

So dienten die Bächle einerseits dazu, die Stadt sauber zu halten. Andererseits waren auch sie selbst immer wieder Objekt zahlreicher Reinhaltevorschriften. Die Bezeichnung „Bächle" stammt aus neuerer Zeit. In den schriftlichen Quellen werden sie ebenso wie der Gewerbekanal als „Bäche" bezeichnet. Oftmals lässt sich deshalb nicht mehr genau sagen, auf welches der beiden Gewässer die Verordnungen zielten. Sicher ist allerdings, dass Schmutz in den Bächle der Brauchwasserversorgung abträglich war und dass es ein erhebliches „Sauberkeitsgefälle" zwischen der oberen und unteren Altstadt gab. Gerade die Einwohner in Unterlinden waren mit weniger sauberem Brauchwasser versorgt als jemand, der in der oberen Altstadt sein Haus hatte.

Das Bächle in der Rathausgasse wird täglich von zahlreichen Einkäufern überquert.

1399 verbot der Magistrat, Mist länger als drei Tage in der Straße liegen zu lassen oder in den Bach zu werfen. 1496 hieß es, man solle *„kein wust in die bach schüten"*. Zahlreiche Ratsverordnungen aus dem 16. Jahrhundert lassen auf ständige Schwierigkeiten bei der Reinhaltung der Bächle in dieser Zeit schließen. Anno 1540 durfte kein fester Müll mehr in die Stadtgräben oder Bäche geschüttet werden.
Den Konflikt zwischen sauberem Brauchwasser einerseits und Entsorgung durch die Bächle andererseits versuchte der Rat zu lösen, indem er die Zeiten begrenzte, in denen Unrat in die Bächle gekehrt werden durfte. 1494 gestattete es der Stadtrat nicht mehr, dass während des Fischmarkts *„unsubers, wüsts, gnist noch ander, das den bach trüb"* im Bächle entsorgt wurde.
Eine „Ordnung der Bäch in der Statt" aus dem Jahr 1549 verbot *„bey straff"*, dass jemand *„somerszeit vor 10 und wynterszeit vor 9 uhren ze nacht ... wuost noch anders inn die bäch"* schüttete. (Stadtarchiv Freiburg, B3, Nr. 1) 1611 gestattete der Magistrat den Bürgern nur noch, *„zu rechter Zeit, abends oder morgens"*, die Bächle zur Beseitigung von Abwasser und Abfällen zu verwenden.
Die Turmstraße weiter Richtung Rotteckring, zweimal links abgebogen und die Rathausgasse wieder hinauf – mit dem Bächle und den vielen Passanten geht es hier oft recht eng zu. Die nächste Abzweigung rechts ist die Brunnengasse, die geradewegs zur Universitätskirche führt. Sie bietet Anlass, auf eine ganz besondere Berufsgruppe Freiburgs hinzuweisen.

Universitätskirche

Bächleputzer früher und heute

Die Universitätskirche, früher Jesuitenkirche, in der Bertoldstrasse.

Was die Reinhaltung der Bäche betraf, beließ es die Stadt nicht bei Verordnungen, sondern sie richtete auch das öffentliche Amt eines „Bachräumers" ein. 1802 und 1803 waren jeweils zwei Bachräumer in Freiburg tätig. Jeder von ihnen erhielt dafür jährlich einen Sester unentgeltliches Brennholz.
1789 bat Bernhard Vähmele den Magistrat, ihm den Bachräumerdienst zu erteilen. Er unterstützte sein Gesuch mit mehreren Begründungen: Erstens sei er *„ein zum alltäglichen Taglöhnen wegen mehreren Leibs Defecten untauglicher Mann"*. Zweitens sei er des-

Historische Aufnahme der Bertoldstrasse mit Blick nach Osten vor 1900.

halb *„nicht vermögent für sich, Frau und Kind den höchstnöthigen Unterhalt zu verdienen"*, besonders da alle Lebensmittel immer teurer würden. Und drittens besitze er keine Mittel und Vermögen und sehe auch gar nicht, wie er sich *„künftig retten sollte"*. Das Bachräumen sei *„kheine besondere Mühseligkheit"*, und er getraue sich, *„selbes leicht zu versehen"*. (Stadtarchiv, C1 Diener und Dienste 22, Nr. 3)

Wenn die Bächle über längere Zeit kein Wasser führten, blieb der Schmutz, der sonst mit dem Wasser weggespült wurde, einfach liegen. Im August 1804 erreichte den Stadtrat eine Beschwerde bezüglich trocken- liegender Bächle nahe der damaligen Jesuitenkirche, der heutigen Universitätskirche. Der durch die Gassen laufende Stadtbach im Jesuitenviertel sei *„bereits ganz mit Unrath, und denen abscheulichen Sachen angehäuft"*. Weil in der ganzen Gegend *„kein Bach mehr läuft, und folglich alles, was in den Bachkanal angeleert wird, in solchem liegen bleibt, woraus bey der eintretenden Sommerhitz ein der Gesundheit nachteiliger Gestank"* entsteht. (Stadtarchiv Freiburg, C1 Wasserbau 5, Nr. 17) Möglicherweise hatte Freiburg in diesem Sommer eine längere Trockenperiode erlebt. Möglich wäre auch, dass sich die Episode in der Zeit des sogenannten Bachabschlags abspielte. Denn einmal jährlich lag das gesamte Bachnetz zu Reinigungs- und Reparaturzwecken für längere Zeit trocken. In beiden Fällen kamen die Bächleputzer zum Einsatz.

Typisch Freiburg: Bächleputzer 1972 und heute.

Zum Deutschen Haus
WARSTEINER TREFF
SCHUHE

Bächleputzer

Eine echte Freiburger Besonderheit ist der Beruf des Bächleputzers. Auch heute – in Zeiten ausgefeilter Entsorgungssysteme – ist eine regelmäßige Reinigung der Bächle unerlässlich. Zwei städtische Arbeiter sind das ganze Jahr über damit beschäftigt, die Rinnen zu säubern, zu pflegen und zu regulieren. Mit Schiebern können sie bestimmte Abschnitte trockenlegen, um sie zu reinigen oder Reparaturen durchzuführen. Auf einem Handkarren transportieren sie ihre wichtigsten Arbeitsutensilien: Besen, Schaufeln und Haken. Mit dem Besen entfernen sie etwa die schnell nachwachsenden Algen im Bächlebett, mit dem Haken rücken sie Blättern und Müll, der an Rechen und Schiebern hängen bleibt, zu Leibe. Dabei tauchen auch schon mal Geldbeutel oder andere Fundstücke wieder auf.

Regelmäßig kontrollieren die Bächleputzer die Wasserstände. Sie wissen ganz genau, welchen der zahlreichen Schieber sie wann betätigen müssen, um die Wassermenge entsprechend zu regulieren. Die meiste Arbeit fällt im Oktober an, wenn während des auch heute noch durchgeführten Bachabschlags die Bächle trocken liegen. Zwei Wochen lang haben die Bächleputzer dann Gelegenheit, größere Instandhaltungs- und Reinigungsarbeiten an den unterirdisch verlaufenden Kanal- und Bächleabschnitten, zu erledigen.

Seit 1935 existiert sogar eine Narrenzunft der Bächleputzer. Zur Freiburger Fasnet ziehen sie mit Masken, Schürzen und Besen durch die Stadt.

Bertoldsbrunnen

Bächlegeschichten

Auf der Bertoldstraße gelangt man bächleaufwärts zur Kaiser-Joseph-Straße, die schon im Mittelalter die „Haupteinkaufsstraße" war. Hier fand ursprünglich der Markt statt. Die breite Straße war bis ins 14. Jahrhundert mit Lauben bebaut, bevor sich der Großteil des Marktgeschehens auf den Münsterplatz verlagerte. Metzger, Krämer und Bäcker boten an ihren gepachteten Ständen die Dinge des täglichen Bedarfs feil. Dort, wo die „Große Gass" die Salzstraße kreuzte und heute der Bertoldsbrunnen steht, war einst der Fischmarkt. Hier stand bis 1806 der Fischbrunnen, der inzwischen in der Nordwestecke des Münsterplatzes vor dem Kornhaus seinen dritten Standort gefunden hat.

So wie der Bertoldsbrunnen immer noch zentraler Treffpunkt in der Freiburger Innenstadt ist, pulsierte auf dem früheren Fischmarkt das Leben. Hier waren die Bächle Zeugen zahlreicher Raufereien und Umtriebe. Nicht selten endeten diese mit einem Sturz der Beteiligten in den Bach. Anno 1531 zogen adlige Studenten, nach einem Gelage angeheitert, durch die Innenstadt. Die jungen Männer ließen sich auf einem Karren durch die Stadt fahren und stürzten am Fischmarkt in den Bach. An gleicher Stelle legte sich 1569 ein betrunkener Student mit einem Schreiner an. Der Student sei *„wohl bezecht vom fischmarckht härab gegangen"*. Vor dem Haus des Schreiners angelangt, provozierte er den Handwerker lautstark, bis dieser mit einem Holzstück bewaffnet schließlich vor die Tür trat. Der streitlustige Student zückte sein Gewehr und der Schreiner ging mit dem Knüppel auf ihn los. Am Ende fand sich der Student schließlich im Bach wieder; ein Kommilitone musste den Trunkenbold nach Hause bringen.

Der Fischbrunnen an seinem zweiten Standort in der Kaiserstrasse um 1895.

FABEL
FABEL
Friseur Roth

APOTHEKE
LÖWEN-APOTHEKE

Augustinerplatz

Freiburger Bächle heute

Die Motive der Stadt, das Bächlesystem einzurichten, gingen über die Versorgung der Einwohner mit Brauch- und Löschwasser hinaus. So wie die Brunnen selten als bloße Zweckbauten errichtet wurden, sondern ein zunehmend monumentales Aussehen erhielten, entsprang auch die Anlage der Bächle einem Bedürfnis nach städtischer Repräsentation. Die ständig laufenden Brunnen und die mit frischem Wasser gefüllten Bächle kündigten von Reichtum und Größe der Stadt.

Augustinerplatz mit Obelisk, Strassencafés und Bächle.

Nach 1850 modernisierte Freiburg seine Wasserver- und -entsorgung. Um 1875 wurde damit begonnen, in der Innenstadt Wasserleitungen in die Häuser zu legen. Heute unterscheiden die meisten Menschen nicht mehr zwischen Trink- und Brauchwasser: Für jeden Zweck fließt Wasser aus dem Hahn. Die Bächle haben ihre überkommene Funktion verloren. An ihre Stelle ist der kulturelle, denkmalpflegerische und städtebauliche Wert getreten. In jüngster Zeit wird vermehrt auch auf die ökologische Bedeutung der Bächle und ihre positive Wirkung auf das Mikroklima in der Innenstadt hingewiesen.

Bild links: An den kleinen Kaskaden vor dem Augustiner-Spielplatz wird alles auf Bächle-Tauglichkeit überprüft.

Trotz dieses Bedeutungswandels sind die Bächle als „Freiburger Wahrzeichen" nach wie vor in aller Munde. Sie prägen das Stadtbild, sind touristische Attraktion und begehrtes Fotomotiv. Wurden sie vor einigen Jahrzehnten noch als Verkehrshindernis empfunden, so legt die Stadt seit einigen Jahren ehedem überbaute Bächle wieder offen. Dort, wo nie Bächle verliefen, werden sogar neue angelegt und von den Stadtplanern als gestalterisches Element bei der Anlage von Straßen und Plätzen eingesetzt.

Von der Gerberau in Richtung Augustinerplatz aus Bächle-Perspektive...

...und in Höhe des legendären Café Capri.

Eine besondere Atmosphäre herrscht das ganze Jahr über am Augustinerplatz, wo wir ein Bächle in moderner Gestalt mit kleinen Kaskaden finden. Hier planschen Kinder bei Regenwetter in Gummistiefeln und finden bei gutem Wetter Papierschiffchenrennen statt. Oder wie wär's mit einem erfrischenden Fußbad am Ende dieser Tour entlang der Freiburger Bächle?

Einen Meter Bächle, bitte schön!

Im Jahr 2000 wurde im Westen Freiburgs die Neue Messe eröffnet. Bei den Planungen hierzu scheiterte das Vorhaben, das Gelände mit einem Bächle zu verschönern und damit eine architektonische Verbindung zur Innenstadt zu schaffen, zunächst aus

Modernes Bächle auf der Neuen Messe, dank zahlreicher Sponsoren entstanden.

Kostengründen. Bis der Baudirektor auf die Idee kam, für das Bächle Sponsoren zu gewinnen – Meter für Meter. Für 500 Mark konnte sich jeder auf einem grünen Majolikastreifen in dem 200 Meter langen, offen verlaufenden Bächle verewigen lassen. Die Idee zündete bei Freiburger Bürgern und Firmen. Die Bächlemeter waren rasch ausverkauft, und die Neue Messe hatte ihr Bächle.

Der Gewerbekanal

Alter Runz, gemeine Genossen

Es gehört zu den Liebenswürdigkeiten der Geschichte, dass sie uns bei allen Umwälzungen gelegentlich Relikte übrig lässt, die nicht mehr so recht in die moderne Zeit passen wollen. Hierzu zählen die Freiburger Gewerbekanäle ebenso wie die Genossenschaften, welche diese Wasserläufe verwalten. Die meisten der früher wie heute "Runzen" genannten Kanäle wurden im Mittelalter künstlich angelegt und bezogen ihr Wasser aus der Dreisam. Zahllose Wasserräder klapperten damals entlang des Kanals und trieben Schleifereien, Hammerschmieden oder Lohstampfen an – und natürlich Mühlen verschiedenster Art, in denen Getreide, Ölsaaten, Baumrinde oder gar Knochen zerrieben wurden.

Der Ursprung des Kanalsystems ist in der künstlichen Wiesenwässerung zu suchen. Man wusste bereits im Mittelalter, dass regelmäßig überschwemmte Flächen höhere Erträge abwerfen als trockene Wiesen und suchte diesen Effekt durch planmäßige Bewässerung zu fördern. Für den Freiburger Raum ist diese Innovation erstmals durch ein Schriftstück aus dem Jahr 1220 nachgewiesen. Im Bereich des Stadtzentrums wurde die landwirtschaftliche Nutzung der Bäche bald von einer gewerblichen abgelöst: Für viele Handwerker war die Wasserkraft des Kanals die Existenzgrundlage ihres Betriebes. Auch die Eigenbetriebe der Stadtherrschaft waren auf die Wasserkraft angewiesen. Im ländlichen Raum westlich der Stadt jedoch wurden die Runzen noch lange zur Wiesenwässerung genutzt. Sie waren dort in ein komplexes System von kleinen Bachläufen und Kanälchen mit zahllosen Verzweigungen eingebunden, welches in Teilen noch heute besteht.

Über die Frage, wer die künstlichen Wasserläufe im Freiburger Raum „erfunden" hat, herrscht bis heute Uneinigkeit. Waren es die Zisterzienser, die europaweit als Bewässerungsspezialisten galten und in der Freiburger Region mit zwei Klöstern und mehreren Höfen präsent waren? Oder doch eher Mühlenbesitzer und Bauern, die nach produktivitätssteigernden Maßnahmen sannen? Vieles spricht für letztere Erklärung. Unstrittig ist, dass die jeweils von mehreren Parteien gleichzeitig genutzten Bäche wegen der unterschiedlichen Interessen bald zu Zankäpfeln wurden. So schlossen sich die Anrainer der Kanäle zu Interessenverbänden zusammen, die als „Runzgenossenschaften" Regelungen zur einvernehmlichen Nutzung festlegten, Streitereien schlichteten und Runzordnungen aufstellten. Es ist ein historisches Schmankerl, dass sich einige dieser Genossenschaften bis auf den heutigen Tag erhalten haben – samt einer Organisationsstruktur, die auf uralten Prinzipien beruht.

In Freiburg gibt es neben dem bekannten Runzkanal, der als „Alter Runz" die südliche Altstadt durchfließt, auch noch Gewerbebäche außerhalb des Stadtkerns: den „Kronenmühlenrunz" in der Wiehre etwa, oder den Kartausbach. Die hier beschriebene Route beschränkt sich auf den „Alten Runz" und führt im ersten Teil vom Universitätszentrum über Fischer- und Gerberau zur „Insel". Der zweite Teil widmet sich dem weniger bekannten Bachabschnitt zwischen Schwabentor und dem Südwestrundfunk und führt in Winkel, in denen sich so manches Relikt aus vergangener Zeit findet.

Tour 3

Vom „Paradies" zum Kraftwerk Himmelsbach

Lauschige Winkel zwischen Fischerau, Gerberau und einem verschwundenen Stadtviertel

Platz der Universität

Warum der Kanal einen Schuss hat

Der Rundgang beginnt am Westzipfel der Alten Universitätsbibliothek beim Platz der Universität und führt mitten durch ein „verschwundenes" Stadtviertel, welches einst den verlockenden Namen „Paradies" trug. Nur mit einer ordentlichen Portion Fantasie kann man sich heute die schmalen Gassen, Werkstätten, Wirtschaften und Badestuben dieses verwinkelten Stadtbereiches vorstellen.

Die Alte Universitätsbibliothek – heute Kollegiengebäude 4 – deckte früher ihre

Dort, wo einst die Paradiesmühle klapperte, steht heute – nicht ohne Grund mitten auf dem Gewerbekanal – die Alte Universitätsbibliothek. Der wuchtige Bau ist wesentlich jünger als es den Anschein hatund damit ein typischer Vertreter seiner Zeit. Er wurde gegen Ende des 19. Jahrhunderts von Carl Schäfer erstellt und imitiert historische Bauformen, was einem damaligen Modetrend entsprach: Im Zuge eines beispiellosen Baubooms entstanden innerhalb weniger Jahre ganze Zeilen neuer, hoch aufragender Häuser. Man setzte bereits modernste Baustoffe wie Zement oder Eisen ein, verpasste den Häusern jedoch eine historisch anmutende „Verpackung". Bei der Bibliothek hatte man sich für eine Spielart der Gotik entschieden. Hochmodern dagegen präsentierte sich das Innere des Hauses: Die

SAMTEN STROMBEDARF DURCH EIN KLEINKRAFTWERK AM GEWERBEKANAL.

großen, hellen Räume waren mit elektrischer Beleuchtung ausgestattet. Den Strom hierfür lieferte eine eigene Turbine, welche ihren Antrieb von demselben Gefälle des Gewerbekanals bezog, das schon das Wasserrad der Paradiesmühle angetrieben hatte. Auch wenn diese Turbine längst stillgelegt ist, veranschaulicht am Ostende des Gebäudes ein künstlicher Wasserfall das Prinzip, nach welchem solche

Noch heute unterquert der Kanal das Gebäude der Alten Universitätsbibliothek. Im Bild die Stellfalle, die den Wasserzufluss regulierte.

Anlagen funktionierten. Der Kanal teilt sich dort in zwei Stränge: Der obere beschickte das Mühlrad und später die Turbine mit Wasser. Der untere, auch „Schuss“ genannt, führte überschüssiges Wasser sowie Laub und Unrat an der Turbine vorbei.

Einfach verschwunden: das Freiburger „Paradies"

Noch in den 1960er Jahren hatte die Freiburger Fischerau – heute als „Klein Venedig" gehätschelt und aus dem Stadtbild kaum mehr wegzudenken – ein Gegenstück westlich der Kaiser-Joseph-Straße. Dort durchzog der Gewerbekanal ein Gebiet, das früher den Namen „Im Paradies" trug. Dieses gilt als Keimzelle der späteren „Schneckenvorstadt", deren Bewohner sich in der ehemaligen Dreisamaue niedergelassen und im 13. Jahrhundert die Grundsteine für ein kleines Gewerbegebiet gelegt hatten. Doch das Viertel mit dem klingenden Namen hatte Pech: In den 1890er Jahren wurden für den Bau der – heute schon wieder „alten" – Universitätsbibliothek die Paradiesmühle und weitere Gebäude abgebrochen. Nach dem Zweiten Weltkrieg krempelte man das Gebiet weiter um. Immerhin waren noch zahlreiche Häuser und zwei Gassen des „Paradies" übriggeblieben, die die Bomben verschont hatten und in denen noch ein Hauch von Mittelalter zu spüren war. Doch in den Nachkriegsjahren hatten die Stadtplaner andere Sorgen, als sich um klapprige Häuser in lauschigen Winkeln zu kümmern. Anstatt die desolate Bausubstanz zu sanieren, riss man den Rest des einstigen Handwerkerviertels einfach ab.

Bei dem verlockenden Namen „Paradies" dürfte die mittelalterliche Dreisamaue Pate gestanden haben: Vermutlich hat man ihn bei einer Gartenlandschaft oder Wiese entlehnt und auf den ersten Bauabschnitt der späteren „Schneckenvorstadt" übertragen. Noch heute ist ein ähnliches Verfahren beim Bau neuer Straßen oder Stadtviertel gang und gäbe, indem diese gerne nach alten Flurstücken benannt werden.

An der Mehlwaage

Wie das „Stechhäusle“ zur Kneipe wurde

Während das Verschwinden des westlichen Paradies bereits gegen Ende des 19. Jahrhunderts durch Erweiterungspläne der Universität eingeläutet wurde, bestand der östliche Teil mit wenigen Veränderungen noch nach dem Zweiten Weltkrieg fort. Vor allem der Bereich

Ansicht der Gasse „An der Mehlwaage“ in den 1950er Jahren.

um die Zufahrt zur Tiefgarage der Universität ist ein Beispiel dafür, wie man in den 1960er Jahren mit historischer Bausubstanz umsprang. Die alte Aufnahme des Bildpaares zeigt die Gasse „An der Mehlwaage" in den 1950er Jahren – an einer Stelle, wo es heute gar keine Gasse mehr gibt. Die Bebauung mit den typischen Holzlauben findet man nur noch in wenigen Hinterhöfen der Altstadt.
Aus nahezu identischer Perspektive fotografiert zeigt die aktuelle Aufnahme im Hintergrund den Giebel des Stechhäusles, welches als eines von zwei Gebäuden die „Sanierung" der Gasse überlebte. Es war der Teil des Freiburger Schlachthofes, in welchem das Vieh ab-

Dieselbe Perspektive heute: In den 1960er Jahren riss man die Reste des urigen Stadtviertels einfach ab.

gestochen wurde, und um die Entsorgung zu erleichtern, baute man es praktischerweise direkt über den Kanal. Es befindet sich allerdings erst seit 1763 an dieser Stelle. Zuvor war an einer für heutige Begriffe ungewöhnlichen Stelle geschlachtet worden: In einem repräsentativen Gebäude der Stadt, dem „Kornhaus", das eigentlich im Jahre 1497 den Reichstag hätte beherbergen sollen, aber nicht rechtzeitig fertig geworden war. Pech für Freiburg, Pech auch für die Fürsten, die sich ob der beengten Verhältnisse des provisorisch genutzten Rathauses echauffierten. Das Kornhaus diente nach seiner Vollendung schließlich drei verschiedenen Zwecken: als Kornlagerstätte, als vornehme Adresse für Empfänge und Tanzveranstaltungen –

WENIGER RABIAT ALS FRÜHER GEHT ES HEUTE IM „STECHHÄUSLE" BEI DER EHEMALIGEN MEHLWAAGE ZU: INZWISCHEN KANN MAN DORT GEPFLEGTE CAPPUCCINI GENIESSEN.

und als Schlachthaus! Erst in der Mitte des 18. Jahrhunderts wurde dieser Zustand als nicht mehr tragbar empfunden und das Schlachthaus in die Schneckenvorstadt komplimentiert.
Das Stechhäusle genießt inzwischen Denkmalschutz. Nachdem es jahrelang dem Verein „Künstler Werkstatt Mehlwaage" als Werkstätte gedient hatte, ist es inzwischen zur Gaststätte geworden. Seit dem hierfür erfolgten stilvollen Umbau kommt der historische Charakter

sesam
ORIGINAL ARABISCHE
SPEZIALITÄTEN

Schneckenvorstadt

Mit dem Namen „Schneckenvorstadt" können heute auch die meisten Freiburger nicht mehr viel anfangen. Kein Wunder, denn die Namenspatrone der Vorstadt gibt es nicht mehr: Das Schneckentor hat schon im Jahre 1842 das Zeitliche gesegnet, und auch das Wirtshaus „zum Schnecken", von dem das Tor seinen Namen bezog, ist längst verschwunden. Heute erinnern an der Kreuzung von Wall- und Kaiser-Joseph-Straße nur noch einige farblich hervorgehobene Pflastersteine und eine Hinweistafel daran, dass dort einmal ein Torturm stand, dessen Wächter abends den Riegel vorschob und verspätete Reisende nur gegen ein kräftig erhöhtes Eintrittsgeld hereinließ. Die Vorstadt selbst ist jedoch in Teilen noch erhalten. Als mittelalterliches „Gewerbegebiet Süd" bestand sie vornehmlich aus Handwerkerhäusern, die den Kanal als Wasserlieferanten und Energiequelle nutzten. Heute ist das Viertel um Gerberau und Fischerau bei Freiburgern und Touristen gleichermaßen beliebt, da es eine Prise Ursprünglichkeit bewahrt hat.

des Hauses wieder etwas mehr zur Geltung. Abfälle werden allerdings keine mehr in den Kanal gekippt, der ungenutzt unter dem Bau durchrauscht.
An der Ecke zur Kaiser-Joseph-Straße steht ein weiteres Haus, das man im Eifer des Sanierungsgefechts vergessen hatte abzureißen und das heute ebenfalls als Kulturdenkmal gilt. Es ist postalisch das Haus Nr. 2 der Gasse „An der Mehlwaage" und fungierte im 17. und 18. Jahrhundert zeitweise als Badestube „Zur Büttenen". Nachdem es im Jahre 1995 doch noch auf die Abrissliste gekommen war, entschlossen sich die Eigentümer zu einer aufwändigen Sanierung. Mit seiner schlichten Fassade hebt sich das Haus deutlich von den repräsentativ gestalteten Nachbargebäuden aus der Zeit um 1900 ab. Zusammen mit dem Stechhäusle leistete es in den vergangenen Jahren einen Beitrag zur allgemeinen Begriffsverwirrung rund um die Bezeichnung Mehlwaage, denn beide Gebäude wurden oft schlicht „die Mehlwaage" genannt. Die tatsächliche, real existierende städtische Mehlwaage stand jedoch zwischen der benachbarten Metzgerau und der Humboldtstraße an der Stelle des jetzigen „Freiburger Hofs".
Im Bereich des ehemaligen „Paradies" verläuft parallel zu dem beschriebenen Kanal nur wenige Meter nördlich noch ein zweiter Wasserstrang. Beide Bäche werden vom „Alten Runz" gespeist, der sich in der nahegelegenen Fischerau in zwei Arme verzweigt, bevor er die Kaiser-Joseph-Straße unterquert.

BILD LINKS: RELIKT AUS ALTEN ZEITEN: DAS HAUS AN DER MEHLWAAGE 2.

Kaiser-Joseph-Straße

Wo Architekten alle Register zogen

Das Stadtbild der Kaiser-Joseph-Straße südlich des Martinstors ist eine Besonderheit, denn dieser Straßenabschnitt blieb im Zweiten Weltkrieg von den Bomben weitgehend verschont. Hier kann man eine breite Palette gründerzeitlicher Architektur in Reinkultur bestaunen und sich vorstellen, wie auch der nördliche Abschnitt der Straße vor der Kriegszerstörung einmal ausgesehen hat. Bei der Formensprache der in den Jahren 1889 bis 1907 entstandenen Häuser hatten die Architekten alle Register der Baustilkunde gezogen. Besonders in den Blick fällt neben dem neugotischen „McDonalds-Tor" der Freiburger Hof, dessen Schauseite man mit Zierformen der Renaissance einkleidete. Auf der anderen Straßenseite dominieren Jugendstil- und neubarocke Formen. Einige Bauten fallen allerdings aus der Reihe: Für den zeittypischen Betonbau neben dem Freiburger Hof aus dem Jahre 1972 etwa strich dessen Architekt Gerhard Assem sogar einen Preis dafür ein, dass sich sein Werk nicht der historischen Nachbarschaft anbiedere. Daneben zeigt das oben erwähnte Haus Mehlwaage 2 als letztes Exemplar seiner Gattung vor dem Martinstor, wie man sich die frühere Bebauung hier vorstellen darf.

Der Freiburger Hof um 1910.

Das Gründerzeitviertel vor dem Martinstor ist in seiner architektonischen Geschlossenheit einzigartig in Freiburg.

Fischerau

Ewiger Streit um eisernen Teiler

Nahe der Einmündung der Fischerau in die Kaiser-Joseph-Straße verzweigt sich der Wasserlauf in den südlichen „Oberen Runz" und den nördlichen „Unteren Runz". Im Wasser ist ein eiserner Kanalteiler zu erkennen, der früher „ewiger Teiler" genannt wurde, da seine Einstellung grundsätzlich nicht verändert werden durfte. Noch heute ist er aufgrund einer Vereinbarung zwischen Runzgenossenschaft und Stadt so eingestellt, dass der Südarm etwa drei Fünftel des Wassers erhält, der Nordarm hingegen zwei Fünftel. Letzterer nimmt im Bereich der Unterstadt wieder das Bächlewasser auf, sodass die Wassermenge in beiden Armen wieder weitgehend ausgeglichen ist.

Fischerau mit Gewerbekanal gestern und heute.

„Klein Venedig“ wird die Fischerau von Touristen gerne genannt. Am Westende der Gasse scheidet der „ewige Teiler“ (oben) den Oberen vom Unteren Runz.

Diese Regelung für den Teiler in der Fischerau erinnert daran, dass die Abzweigung in der Geschichte des Kanals immer wieder Anlass erbitterter Auseinandersetzungen war. So lagen sich etwa das Kloster Tennenbach und der Paradiesmüller jahrelang in den Haaren: Tennenbach betrieb in Freiburg dort, wo heute das Herder'sche Verlagsgebäude steht, einen Stadthof, der auf die Wasserkraft des nördlichen Bachlaufes angewiesen war. Der Paradiesmüller hingegen nutzte den Südarm. Im Jahre 1534 nun warf Tennenbach dem Müller vor, er leite durch eigenmächtiges Einhängen eines Brettes beim Teiler mehr Wasser als zulässig auf seine Räder. Nach einer Besichtigung des „spennigen Bretts" durch eine Untersuchungskommission musste es entfernt werden. Doch immer wieder flammte der Streit auf. 1606 sorgte der Runzmeister dafür, dass den Müllern, die den Bach *„mit Fürstellen, Einlegung großer*

Brett-Thillen und anderem aus seinem ordentlichen Gang gelaitet, solches im geringsten nit gestattet" wird.
Noch in der ersten Hälfte des 20. Jahrhunderts waren in der Fischerau „Fisch-Archen" zur Aufbewahrung des Fangs zu sehen. Am Ostende der Straße entströmt der Bach einem inzwischen umgebauten Gebäudekomplex, welchen ältere Freiburger noch als „Holzhauerhaus" in Erinnerung haben. Die Feinkosthandlung Holzhauer betrieb

dort ein kleines Wasserkraftwerk, das den Strom für eine Eismaschine lieferte. Das Eis wurde nicht nur zur Kühlung der eigenen Produkte eingesetzt, sondern auch in langen Stangen an jene Freiburger verkauft, die sich den Luxus eines Eisschranks leisten konnten.

Verlauf des Kanals

Der Kanal zweigt bei der Sandfangbrücke an der Ecke zur Kartäuserstraße von der Dreisam ab. Zusätzliches Wasser erhält er durch den Kartausbach; außerdem wird das Regenwasser angrenzender Grundstücke in den Kanal geleitet. In der Fischerau verzweigt er sich in den Oberen und den Unteren Runz. Der Obere Runz fließt

in Richtung Westen, durchquert die Stadtteile Im Grün und Stühlinger und mündet schließlich bei Lehen wieder in die Dreisam. Der Verlauf des Unteren Runzes ist komplizierter: Beim Werthmannplatz schwenkt er nach Norden und führt über den Fahnenbergplatz und durch das Areal der Universitätsinstitute zum Komturplatz. Von dort fließt er als Rossgässlebach ins Industriegebiet Nord und als Moosbach durch den Mooswald, bevor er in den Schobbach und dieser in die Glotter mündet.

Gerberau

Gemeine Genossen an launischem Fluss

Vom „Holzhauerhaus" an entzieht sich der Kanal auf einer Länge von gut 100 Metern dem Blick der Öffentlichkeit. Erst bei der Brauereigaststätte Feierling ist er wieder zu sehen. Ab dieser Stelle wird der Kanal von der Gerberau flankiert, in deren oberem Abschnitt zahlreiche Gerber das Kanalwasser nutzten. Einige ihrer Häuser sind noch heute an den typischen Gerbergauben erkennbar, die über die ganze Dachbreite verlaufen.

Die Runz, ihr Meister und ein geretteter Knecht

Als Bezeichnung für meist künstlich angelegte Bewässerungs- und Gewerbekanäle taucht der Begriff „Runz" im gesamten alemannischen Sprachraum auf. Wer in Freiburg solche Kanäle nutzen wollte, musste über ein Wasserrecht verfügen. Eigentümer der Runzen war und ist seit dem Jahre 1368 die Stadt, die den Anliegern gegen Zinszahlung entweder befristete oder unwiderrufliche Nutzungsrechte verlieh. Die unwiderruflichen Rechte waren vererbbar und gehörten zum Inventar des Grundstückes. Um verbindliche Regeln für die Nutzung festzulegen, schlossen sich die Inhaber der Wasserrechte bereits im Mittelalter zu Genossenschaften zusammen.

Runzknecht Volker Kaltenbach.

Für den Kanalabschnitt vom Sandfangweg über Oberau und Schneckenvorstadt bis zum Industriegebiet Nord existiert eine solche Runzgenossenschaft noch heute. Als „Runz der Werkbesitzer" setzt sie einen Runzmeister und einen Runzknecht ein, die den Kanal funktionsfähig halten und sich um die Belange der Mitglieder kümmern. Eine wichtige Aufgabe des Runzknechtes ist beispielsweise die Kontrolle des Wasserzuflusses beim Sandfang, wo sich die von der Dreisam abgezweigte Wassermenge mittels einer Stellfalle regeln lässt. Der Runzknecht ist in ständiger Einsatzbereitschaft, um bei Hochwasser schnell reagieren zu können. Seit Jahren wird über eine mögliche Automatisierung der Stellfalle diskutiert.

Mitglieder der „Runz der Werkbesitzer" sind heute die Eigentümer von 35 Grundstücken, auf denen Wasserechte liegen. Die Inhaber sind verpflichtet, jährliche Geldbeiträge zu leisten, deren Höhe kurioserweise noch immer nach der Zahl der Wasserräder bemessen ist, die man am jeweiligen Gefälle betreiben könnte. Außerdem haben die Runzgenossen die Reinigungs- und Instandhaltungsverantwortung – im Gegensatz zu den Bächle, für deren Sauberhaltung die Stadt sorgt. Im Zuge der Suche nach umweltfreundlichen Energiequellen nimmt die Nutzung der Gefälle seit den 1990er Jahren wieder zu: An zahlreichen Gefällstufen wird inzwischen wieder Strom produziert. Wer heute in der Stadt vergeblich nach echten Mühlen sucht, sei getröstet, denn zumindest die der Bürokratie laufen weiter: Als sich die „Runz" im Jahre 1998 eine neue Satzung gab, wurde sie von der Stadt dazu angehalten, den Begriff „Runzknecht" zu renovieren. Wie andere Träger öffentlicher Belange müsse auch die Runz ihre Berufsbezeichnungen so gestalten, dass man daraus eine männliche und eine weibliche Form ableiten könne. „Runzmagd" wurde als nicht zeitgemäß empfunden. Doch da man keine bessere Lösung fand, wurde der Begriff „Knecht" gerettet und findet sich noch heute in der Satzung.

Der Name der Gerberau verrät aber nicht nur, welches Gewerbe hier tätig war, sondern auch, dass dieses Gebiet einst zur Dreisamaue gehörte, die regelmäßig im Frühjahr vom Hochwasser geflutet wurde. Die Dreisam war damals noch nicht kanalisiert, sondern bildete als

typischer Bergbach viele Verzweigungen und Seitenarme, die kleine Inselchen umschlossen. Nach jedem Hochwasser änderte der Fluss ein wenig sein Bachbett. Auch das hatte Streitereien zur Folge: Nach dem Hochwasser konnte ein Dreisamanlieger plötzlich ein neues Stück Land haben, sein Nachbar hingegen statt Land nur noch Dreisam. Um solchen und anderen Überraschungen zu begegnen, schlossen sich bereits im 15. Jahrhundert Anrainer des launischen Flusses zu den „gemeinen Wassergenossen im Breisgau" zusammen, die verbindliche Vereinbarungen zur gemeinsamen Nutzung der Dreisam und anderer Gewässer trafen.

Insel

Von Krokodilen und Wölfen

Östlich der Brauereigaststätte Feierling führen zwei Fußgängerstege über den Kanal zur Gasse „Insel“. Zwischen den Stegen belebt seit 2002 ein Krokodil den Gewerbekanal: So beliebt das von Ole

Ein Stück Mittelalter hat sich in den Häusern der Gasse „Insel“ erhalten.

Meinecke aus Diorit gefertigte Kunstwerk heute ist, so schwer tat sich die Stadt anfangs mit dessen Genehmigung. Es wurden sogar Lärmmessungen vorgenommen, um zu prüfen, ob die durch das Hindernis verursachten Fließgeräusche des Kanalwassers zumutbar sind.

An einem der beiden Stege steht ein als Ölmühle bezeichnetes Gebäude. Das inzwischen zur Goldschmiede gewordene Haus ist allerdings wohl nie eine Mühle gewesen, sondern wurde lediglich zeitweise von einem Ölhändler als Werkstatt genutzt. Früher diente es Gerbern als „Schabhäuschen“.

Von seiner lauschigsten Seite zeigt sich Freiburg zwischen Insel und Gerberau.

Die Gasse heißt „Insel", weil sich der Kanal im Bereich des Schwabentorplatzes früher in zwei Arme teilte, die weiter unten wieder zusammentrafen und so eine Insel bildeten. Während der Südarm längst verschwunden ist, hat sich der Name der Gasse erhalten. Die Häuser, von denen einige noch mittelalterliche Bausubstanz aufweisen, tragen noch ihre alten Namen. Das Haus „zum grauen Wolf" erinnert mit seiner Nummer 674 an die Zeit, als die Häuser nicht nach Straßen, sondern vom ersten bis zum letzten Haus der Stadt durchnummeriert waren.

Am östlichen Ende der Insel fließt das Kanalwasser unter einem Gebäude hindurch, welches mit dem „Runz" auf ebenso geschichtsträchtige wie moderne Weise verbunden ist: die Reinigung und Färberei Himmelsbach. Das immer wieder umgebaute Haus hatte den Bachlauf bereits als Badestube und Mühle genutzt. Und seit etwa 100 Jahren wird dort elektrischer Strom produziert: Eine der beiden noch heute genutzten Turbinen dreht sich seit dem Jahre 1927. Inzwischen liegt der Betrieb damit wieder ganz im Trend und liefert zusammen mit weiteren Kleinkraftwerken am Bach umweltfreundlichen Strom aus der Region. 1992 wurde die Anlage saniert und ein automatischer Rechen installiert, der den Einlass regelmäßig von Laub und Unrat befreit. Auch hier trennt sich vom Hauptkanal, der früher zum Wasserrad führte und heute die Turbine beschickt, der „Schuss", der überschüssiges Wasser und Unrat zum nächsten Rechen weiterleitet. Die Familie Himmelsbach ist stolz auf ihr Kraftwerk, das sie auch in Zeiten nicht abschaltete, in denen über hausgemachten Strom als Auslaufmodell gespottet wurde. Und sie erinnert sich gerne an das Jahr 1974, als die Spötter einmal neidisch wurden: Damals gingen, ausgerechnet während der Fußball-Weltmeisterschaft, wegen eines Stromausfalls in der Innenstadt alle Fernseher aus. Himmelsbach ging in den Keller, ließ das Kraftwerk laufen – und konnte weiter Fußball sehen.

Das Kraftwerk Himmelsbach

Die Reinigung und Färberei Himmelsbach nutzt den Gewerbekanal im Rahmen eines Wasserrechtes im Umfang von drei Rädern. Das Gefälle beträgt 1,60 Meter. Bei einer maximalen Schüttung von 2,3 Kubikmetern Wasser pro Sekunde könnten maximal rund

18 Kilowatt erzeugt werden. Im Jahresschnitt sind es jedoch nur etwa sechs Kilowatt, da im Kanal meist nicht die optimale Wassermenge zur Verfügung steht. 1988 wurde die Anlage generalsaniert und mit einem automatischen Rechen ausgestattet. Überschüssiger Strom wird ins öffentliche Netz eingespeist.

Tour 4

Von der „Insel" zum „Hexenwegle"

Wohin sich kein Tourist verirrt:
Der Kanal zwischen Schwabentor und Südwestrundfunk

Schwabentorplatz

Unter die Räder gekommen

Die „Insel“ endet an einer Mauer, bei der eine Treppe zum Greiffeneggring hinaufführt. Ungefähr an dieser Stelle stand früher das "Klötzlinstor", das später „Gerbertörlein“ genannt wurde und die Schneckenvorstadt im Mittelalter mit einer Häusergruppe vor dem

Pech gehabt: Das Stadtviertel vor dem Schwabentor stand ehrgeizigen Straßenbauplänen im Weg. Dort, wo heute der Greiffeneggring verläuft, gab es bis 1963 nur eine schmale Straße (mit Bächle), die am Wall-

Schwabentor verband, die schon damals unter „Obere Aue" firmierte. Über die Treppe gelangt man zu der Stelle, an der diese Häuser standen. Heute erinnert dort nichts mehr an die frühere Situation, da sich das Gelände – erstmals während der Belagerungen im Dreißigjährigen Krieg – mehrfach völlig veränderte. Der Schwabentorplatz ist aber auch ein Beispiel dafür, wie rücksichtslos in Freiburg mit Bausubstanz, die den Zweiten Weltkrieg unbeschadet überstanden hatte, umgegangen wurde: Für den Bau von Greiffenegg- und Schlossbergring riss man in den 1960er Jahren in dem damals noch intakten Gründerzeitviertel ganze Häusergruppen ab.

GRABENPARK ENDETE. DIE BILDER SIND AUS IDENTISCHER PERSPEKTIVE FOTOGRAFIERT; VON DEN GEBÄUDEN DER ALTEN AUFNAHME STEHT KEINES MEHR. AUCH DAS BÄCHLE VERSCHWAND.

Der Gewerbekanal unterquert den inzwischen zur großen Verkehrsfläche gewordenen Schwabentorplatz auf einer Länge von etwa 60 Metern in einem gemauerten Gewölbe. Ob Teile dieses Bauwerkes mit der bereits im Mittelalter genannten „steinen Brück" identisch sind, die vor dem Schwabentor über den Kanal führte, wurde bislang nicht untersucht. Ein Rätsel wird wohl auch die Frage bleiben, warum man ausgerechnet in dem wenig repräsentativen Kanalgewölbe die Namen von Freiburger Baumeistern und städtischen Funktionären verewigt hat.

Oberau

Als die Schneckenvorstadt noch nicht existierte, trug das Gebiet zwischen Altstadt und Dreisam den schlichten Namen „die Au". Während die unmittelbar südlich der Altstadt entstandene Bebauung bald eine eigene Stadtmauer erhielt und später „Schneckenvorstadt" genannt wurde, setzte sich für den östlich angrenzenden Geländestreifen die Bezeichnung „Obere Owe" durch. Zu den Gemeinsamkeiten beider Siedlungsbereiche gehörte die intensive Nutzung des Gewerbekanals. Heute ist „Oberau" sowohl der Name einer Straße als auch die Bezeichnung eines Stadtteils, der vom Schwabentorplatz bis zur Sandfangbrücke reicht und im Süden von der Schwarzwaldstraße begrenzt wird.

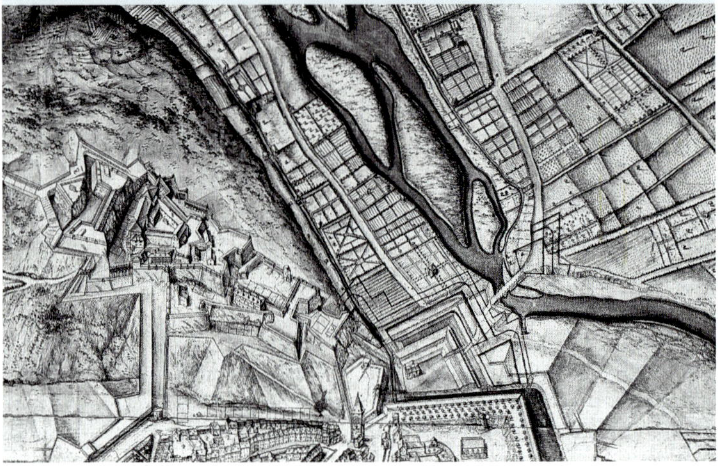

Die Dreisam als unregulierter Wildbach im Bereich der Oberau (Ausschnitt des „Pergamentplans“, um 1713)

An der Ostseite des Schwabentorplatzes trifft man neben dem Gebäude der Bäckerei Lienhart wieder auf den Runzkanal. Der nun beginnende, etwa 500 Meter lange Bachabschnitt bis zum Gebäude des Südwestrundfunks liegt abseits der Touristenpfade. Hier finden sich Winkel, die wenig bekannt sind, aber umso interessantere Geschichten verbergen.

Augustinerweg

Pappendeckel, Hexen und ein Atombunker

Will man dem Kanal vom Schwabentorplatz aus weiter folgen, so wählt man am besten den Augustinerweg, den manche Freiburger auch unter dem Namen „Hexenwegle“ kennen. Er führt unmittelbar am Fuße des Schlossberges entlang in Richtung Osten. Gleich zu Beginn bietet sich ein Blick auf die Augustinerreben, deren Bewirtschaftung der Stiftungskellerei als dem ältesten Freiburger Weinbaubetrieb obliegt. Die Trockenmauern zwischen den Rebzeilen sind Lebensraum seltener Pflanzen und Tiere und stehen unter Denkmalschutz. Auf einem Felsen thront das Greiffeneggschlössle, welches sich der letzte Vertreter Habsburgs in Freiburg, Hermann von Greiffenegg, im Jahre 1805 als noblen Altersruhesitz hatte errichten lassen und heute ein Restaurant beherbergt.

Das „Hexenwegle“ am Fusse des Schlossberges entführt in vergangene Zeiten.

Der Weg wird nun zu einer schmalen Gasse, die von der Hangmauer und den Gebäuden einer Wohnanlage begrenzt wird. Anstelle der Häuser erinnerten hier bis in die 1970er Jahre die Gebäude der Pappendeckelfabrik Strohm daran, dass die Oberau noch nach dem Zweiten Weltkrieg ein Industrie- und Gewerbegebiet war. Mitten durch das Fabrikgelände strömte der Kanal und erzeugte elektrische Energie. Heute fließt er ungenutzt unter der Wohnanlage hindurch. Und doch hat er noch einen Bezug zu den Häusern: Auf dem Grund-

Industriedenkmal der ehemaligen Kartonfabrik Strohm.

stück liegt ein altes Wasserrecht, sodass die Eigentümergemeinschaft als Runzgenossin noch heute jährliche Beiträge für ein Potenzial von drei Rädern an die „Runz" zu leisten hat. In einem der Innenhöfe steht ein riesiger gusseiserner Bottich mit zwei Mahlsteinen, der aus der Fabrik stammt und als technisches Denkmal erhalten wurde.
Östlich der Wohnanlage zweigt vom Hexenwegle rechts ein kleiner Pfad ab, der hinab zum Kanal und auf einen Kinderspielplatz führt. Unmittelbar neben der Kanalbrücke befindet sich einer der Zugänge zum Schlossbergbunker, der als „atomsichere" Zivilschutzanlage 5.000 Personen Platz bietet und noch heute funktionsbereit gehalten wird. Immer wieder bemüht sich die Stadt dem Gerücht entgegenzuwirken, diese Plätze seien für Prominente reserviert.

Einer der Zugänge des Schlossbergbunkers.

Kartäuserstraße

Milchkühe und andere Wohltaten

Von hier aus empfiehlt sich ein kleiner Umweg über den Kinderspielplatz in den Innenhof der Kartäuserstraße Nr. 33, von wo aus eine steile Treppe zurück zum Hexenwegle führt. Der gepflasterte, von Holzschuppen gesäumte Hof gehört zu den Winkeln, die noch etwas vom früheren Charakter des Gebietes erahnen lassen. Mit ein wenig Fantasie glaubt man hier, das Schlagen eines Schmiedhammers oder

NACHHALTIGE KANALROMANTIK: HINTER DER EHEMALIGEN „RHEINTACHO“...

Klappern eines Wasserrades zu vernehmen. In dem großen Gebäude produzierte die Tachometerfabrik Rheintacho und nutzte den Kanal zur Stromerzeugung. Der Bau dient nach einem unkonventionellen Umbau inzwischen als Backpacker-Hotel. Dass das Innere des Hauses immer noch eine Prise Fabrikhallencharme versprüht, ist den Hotelbetreibern zu verdanken und wird von den meist jungen Gästen als „cool“ empfunden. Das Wasserrecht der früheren Fabrik wird seit 2004 wieder genutzt: Ein Privatmann installierte am Kanalgefälle ein oberschlächtiges Wasserrad, welches einen Stromgenerator mit einer Maximalleistung von 30 Kilowatt antreibt.

Über die Treppe gelangt man wieder zum Hexenwegle und in dessen weiteren Verlauf zu der Stelle, wo der Bächlekanal vom Gewerbekanal abzweigt (vgl. S. 15). Von hier aus bietet sich ein guter Blick über das ausgedehnte ehemalige Werksgelände der Seiden- und Baumwollspinnerei MEZ. Der Fabrikant Carl Mez zählte in mehrerlei Hin-

... PRODUZIERT DAS KRAFTWERK WAGNER UMWELTFREUNDLICHEN STROM. AUS DER FABRIK IST EIN BACKPACKER-HOTEL GEWORDEN.

sicht zu den Pionieren der Industrialisierung in Freiburg und beschäftigte in seinem Betrieb schon in den 1870er Jahren mehr als 500 Personen. Er war Vorreiter bei der Einführung neuer Technologien entlang des Gewerbekanals: Mez nutzte als erster großer Gewerbebetrieb den Kanal zur Gewinnung elektrischen Stroms und nahm bereits im Jahre 1884 ein eigenes Wasserkraftwerk in Betrieb – lange bevor das städtische E-Werk ans Netz ging. Auch in sozialen Fragen war Mez Außenseiter und Pionier, obschon viele seiner Ansichten heute etwas eigentümlich anmuten: So war er als Unternehmer von einem gewissen Sendungsbewusstsein beseelt („*werden ... Fabriken auch in sittlicher Beziehung gut geleitet, so sind sie die Quellen wahrer Wohltaten.*") und verstand den Betrieb als Stätte der Erziehung („*Fabriken sollen Ableiter sein für den Müßiggang*"). In seiner Überzeugung ging er so weit, dass er zahlreiche der jungen Arbeiterinnen, die Mez in der Hauptsache beschäftigte, bei „unbescholtenen"

Familien einquartierte und den Hausmüttern präzise Anweisungen für den Umgang mit ihren Mieterinnen gab. So forderte Mez die „*genaue Überwachung in den Morgen und Abendstunden, wo die Mädchen nicht an der Arbeit sind, damit sie nichts Schlimmes hören und sehen. Ganz zu vermeiden sind: Tänze, Theater, Wirtshaus, Wachtparade, Abendgänge*". Zur Rundumversorgung seiner Beschäftigten gehörten ferner eine werkseigene Badeanstalt, bezuschusstes Werksessen, die Einrichtung einer Betriebssparkasse, ein eigener Weinberg und sogar betriebseigene Milchkühe.

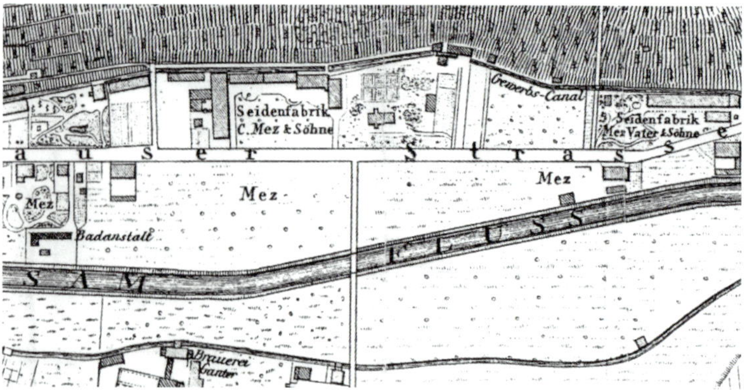

Innovative Technik, unkonventionelle Ideen: Der Fabrikant Carl Mez war der erste, der aus dem Kanal elektrischen Strom machte. Die historische Ansicht der Baumwoll- und Seidenspinnerei (oben) und ein alter Stadtplan (unten) geben einen Eindruck von der Grösse des Betriebes.

Der seit 1930 zum britischen Textilkonzern Coats gehörende Mez'sche Betrieb zählte noch nach dem Zweiten Weltkrieg zu den größten Arbeitgebern Freiburgs. Heute sind die meisten der früheren Betriebsgebäude entweder verschwunden oder umgebaut: Eine der großen Werkshallen wurde nach einem raffinierten Umbau zum Südwestrundfunk, ein anderes ebenso eigenwilliges Denkmal der Industriearchitektur beherbergt Büros und Kleinbetriebe. Noch bis ins Jahr 2005 war im östlichen Bereich des ausgedehnten Werkgeländes ein Rest der unter Coats firmierenden Produktion verblieben. Doch auch

Zwei der Mezschen Fabrikhallen sind erhalten: Eine beherbergt den Südwestrundfunk (oben), die andere wurde zum Bürogebäude.

diese Gebäude sind inzwischen abgerissen; sie haben einem „Wohnpark" Platz gemacht.

Wer sich beim Spaziergang durch das Gelände alter Abbildungen und Pläne bedient, kann das frühere Ausmaß der Fabrik noch gut nachvollziehen. Und auch wenn man sich heute vergeblich nach dem Muhen von Betriebskühen umhört: Ein Blick zum Schlossberg zeigt, dass zumindest der werkeigene Weinberg geblieben ist. So dass der Spaziergänger, kennt er die Bezugsquelle, diesen nicht ganz alltäglichen Rundgang mit einem besonderen Tropfen Wein beschließen kann.

Literaturauswahl

Bächle, Brunnen und Kanäle: Wasserstadtplan der Freiburger Innenstadt. Freiburg 2007 (Promo).

Ecker, Ulrich: Wasserversorgung und -Entsorgung, in: Geschichte der Stadt Freiburg. Herausgegeben von Heiko Haumann und Hans Schadek. Bd. 1: Stuttgart 2001 (Theiss), S. 488.

Ecker, Ulrich: Die Freiburger Runzen und Runzgenossen, in: Geschichte der Stadt Freiburg. Herausgegeben von Heiko Haumann und Hans Schadek. Bd. 2: Stuttgart 2001 (Theiss), S. 153.

Himmelsbach, Iso: Bachabschlag. Von Bächen und Kanälen in Freiburg im Breisgau. Freiburg 2005 (Selbstverlag)

Kalchthaler, Peter: Freiburg und seine Bauten. Freiburg 2006 (Promo).

Lallinger, Manfred; Schadek, Hans: Seidenzwirnerei Mez, in: Geschichte der Stadt Freiburg. Herausgegeben von Heiko Haumann und Hans Schadek. Bd. 3: Von der badischen Herrschaft bis zur Gegenwart. Stuttgart 2001 (Theiss), S. 698

Lange, Jörg: Die Dreisam. Vergangenheit, Gegenwart und Zukunft. Hrsg.: RegioWasser e.V.. Freiburg 2007 (Lavori).

Schadek, Hans; Untermann, Matthias: Gründung und Ausbau. Freiburg unter den Herzögen von Zähringen, in: Geschichte der Stadt Freiburg. Herausgegeben von Heiko Haumann und Hans Schadek. Bd. 1: Stuttgart 2001 (Theiss), S. 57.

Schüle, Eva-Maria; Schwineköper, Katrin; Konold, Werner: Zur Geschichte der Wässerungsgenossenschaften am Beispiel der Stadt Freiburg, in: Alemannisches Jahrbuch, 1995/96, S. 257-292.

Villinger, Eckhard: Freiburg im Breisgau - Geologie und Stadtgeschichte. Heft 12 der Reihe "Informationen" des Landesamt für Geologie, Rohstoffe und Bergbau. Freiburg 1999.

Bildnachweis

Augustinermuseum Freiburg: S.20, 21, 37, 39, 86
Bildverlag J. Gass: S. 78 (unten)
Rüdiger Buhl: S. 10, 25, 28/29, 33, 40, 51, 69 (unten)
Firma Himmelsbach: S. 81 (unten)
Institut für Landespflege Freiburg: S. 13, 27 (unten)
itour: S. 43
Thomas Kunz: Titel, U2, S. 14-19, 22-24, 26, 27 (oben), 31, 34/35, 38, 41/42, 45, 48/49, 52/53, 56-59, 60, 64-66, 71-73, 75, 76, 78 (oben), 79, 80, 82/83, 87, 88/89
Jörg Lange: S. 94/95
Karl-Heinz Raach: S. 11, 69 (oben)
picture-alliance/dpa, Fotograf: Rolf Haid: U6
Regierungspräsidium Freiburg: S. 77
Archiv Scheck: S. 36, 62, 70
Joachim Scheck: S. 55, 63, 74, 81 (oben), 84/85, 90/91, 92/93
Hans Siegmund: S. 46
Stadtarchiv Freiburg: S. 12, 44 (oben), 47, 68
Stadtplanungsamt Freiburg: S. 44 (unten)
Magdalena Zeller: S. 8, 32, 50

Bild vorhergehende Seiten: Die Dreisam führt den Bächle und Runzen in Freiburg Wasser aus dem Schwarzwald zu.